M. DEGETAU ET Cie, 12, PLACE DE LA BOURSE.

L'ORNEMENTATION

DU MOYEN AGE

OU

COLLECTION D'ORNEMENTS

ET DE

PROFILS REMARQUABLES

TIRÉS DE L'ARCHITECTURE BYZANTINE ET DU STYLE GERMANIQUE.

PAR

CHARLES HEIDELOFF,

ARCHITECTE.

PROSPECTUS.

Parmi les nombreux et beaux ouvrages publiés tant en France qu'à l'étranger sur les arts du moyen âge, il n'en est point qui soit consacré exclusivement à l'ornementation architectonique de cette belle et intéressante époque. La plupart des critiques, adoptant les opinions de Winckelmann, renchérissant même sur les doctrines de ce grand homme, professaient un souverain mépris pour les architectures des différents pays de l'Europe pendant le moyen âge. Mais force leur a été de céder sur ce point, et l'on ne traite plus aujourd'hui de barbare et de primitif le style dans lequel sont élevés des monuments tels que les cathédrales de Reims, de Chartres, d'Amiens, de Cologne, de Burgos, d'York et de Canterbury. On ne critique plus l'ensemble de ces monuments; mais on s'attache encore à dire que leurs innombrables détails de sculpture, comme leur ornementation et leur statuaire, ne sont ni purs, ni de bon goût.

Il est arrivé précisément pour les détails ce qui a eu lieu pour les ensembles de nos monuments nationaux. On les jugeait sans les avoir étudiés, on les condamnait sans les connaître. L'ouvrage que nous offrons aujourd'hui au public contribuera, nous l'espérons, à faire juger en toute justice et connaissance de cause les détails si remarquables des édifices religieux, civils et militaires du moyen âge. Cet ouvrage servira à combler une lacune dans l'histoire de l'art. En offrant une série choisie avec intelligence et avec goût de détails architectoniques, représentés avec une scrupuleuse exactitude et une grande fidélité, l'historien qui s'occupe à retrouver les transformations des différents styles d'architecture, pourra y puiser sûrement une quantité de pièces justificatives pour appuyer ses raisonnements ainsi que ses inductions. L'architecte pourra regarder l'*Ornementation* comme une mine fertile où il trouvera de nombreux renseignements destinés à lui servir dans de nouvelles conceptions ou dans la restauration de monuments anciens qui lui est confiée. Les peintres et les sculpteurs y découvriront de précieux modèles dont ils s'inspireront pour leurs compositions. Les amateurs, enfin, auront dans ce recueil d'ornements une suite de beaux objets d'art, dont l'étude les mettra à même de fixer l'âge des monuments qui s'offrent à leurs regards.

Le succès qu'a obtenu l'*Ornementation* en Allemagne avait engagé l'auteur à en donner une édition anglaise, qui a en effet paru en 1844. Aujourd'hui nous en offrons une édition française pour répondre aux nombreuses demandes qui en ont été faites à l'auteur, architecte savant et habile qui a restauré un très grand nombre de monuments en Allemagne et surtout dans le royaume de Bavière.

L'*Ornementation* contient des chapiteaux, des consoles, des frises, des tailloirs, des bases, des profils d'archivoltes, des nervures de voûtes, des moulures, des détails de fenêtres et de portes, des façades, des peintures à fresque, des tombeaux et quantité de détails de serrurerie et d'orfévrerie.

Elle offre une suite non interrompue de tous ces objets depuis le xvⁱᵉ jusqu'au xviiⁱᵉ siècle.

L'ouvrage se compose de deux volumes in-4° contenant chacun 56 planches gravées en taille-douce et accompagnées d'un texte historique et descriptif. Plusieurs de ces planches sont coloriées avec un grand soin.

Prix des deux volumes in-4° : 25 fr.

CHEZ M. DEGETAU ET Cⁱᵉ,

12, PLACE DE LA BOURSE.

Paris. Imprimerie de Plon frères, rue de Vaugirard 36.

L'ORNEMENTATION

DU MOYEN AGE

ou

COLLECTION D'ORNEMENTS

ET DE PROFILS REMARQUABLES

TIRÉS DE L'ARCHITECTURE BYZANTINE ET DU STYLE GERMANIQUE.

I.

IMPRIMÉ PAR PLON FRÈRES, RUE DE VAUGIRARD, 36.

L'ORNEMENTATION

DU MOYEN AGE

OU

COLLECTION D'ORNEMENTS

ET DE

PROFILS REMARQUABLES

TIRÉS DE L'ARCHITECTURE BYZANTINE ET DU STYLE GERMANIQUE;

PAR

CHARLES HEIDELOFF,

Architecte, professeur d'architecture à l'École royale polytechnique; conservateur des monuments historiques du moyen âge de Nuremberg; chevalier de l'ordre royal bavarois du Mérite de Saint-Michel, de l'ordre portugais royal et militaire de la Conception de Marie de Villa-Vicosa, de l'ordre de Saxe et de l'ordre de Léopold de Belgique; membre du Comité historique de la Franconie centrale et inférieure pour l'investigation de la langue et des antiquités nationales de Leipsig; membre du Comité d'émulation industrielle de Prague; membre du Comité des antiquités de Henneberg à Meiningen; membre honoraire du Comité d'antiquités wurtembergeois, et correspondant du ministère de l'instruction publique de France pour les travaux historiques, etc., etc.

PREMIER VOLUME.

PARIS,

M. DEGETAU ET Cⁱᵉ,

PLACE DE LA BOURSE, 12.

1845
1846

PRÉFACE.

Si nous jetons un regard impartial sur les monuments d'architecture du moyen âge, si nous étudions sérieusement les créations d'une époque qu'il y a peu d'années encore on regardait comme sauvage et barbare, nous nous apercevrons avec surprise qu'un esprit créateur, qu'un sentiment profond régnaient dans toutes ses œuvres; qu'un génie éminemment poétique, qui ne se dément jamais, leur a imprimé un noble et beau cachet. Si la simple vue d'une cathédrale remplit notre âme d'un sentiment d'étonnement et d'admiration, si ses masses colossales et imposantes agissent avec puissance sur nos sens et notre cœur, combien l'étude approfondie des détails ne nous fera-t-elle pas admirer la main qui sut imprimer tant de grâce et d'élégance, tant d'harmonie aux accessoires, aux parties les plus minutieuses !

Si nos investigations se portent sur les profils, nous apprendrons avec quelle intelligence technique ils sont disposés, avec quel esprit pratique ils sont en outre adaptés aux exigences du climat, sans nuire pour cela aux lois immuables de la beauté. Nous découvrirons encore le profond sentiment poétique qui règne dans la coordination des ornements, et avec quelle hardiesse ils sont exécutés. Il n'est point téméraire d'avancer qu'il n'y a aucun détail enfin qui ne soit parfaitement homogène au tout.

Si l'architecture des Grecs est classique, est idéale, celle du moyen âge, à coup sûr, peut être appelée architecture romantique. C'est surtout à celle qu'on a nommée byzantine que peut convenir cette qualification. Nous restons souvent étonnés devant les portails de ce style, frappés de la bizarrerie des enroulements remarquables qu'ils déploient à nos regards, frappés encore des dispositions fantastiques de leurs ornements, sans pouvoir ni les lire ni les comprendre.

Étaient-ils de purs caprices de l'imagination de leurs auteurs, ou bien offraient-ils quelque but symbolique dans leur manifestation ?

Dans la première hypothèse, nous condamnerions injustement peut-être l'artiste, tandis que dans la seconde nous serions tout autant dans le doute en voulant

leur prêter une signification qui ne serait pas moins fausse. Mais devons-nous
pour cela traiter cavalièrement ces créations, les rejeter même de nos études,
parce que nous n'en comprenons pas le sens, ou bien encore parce que nous ne
pouvons pas leur appliquer les lois de l'art classique? Nous devons admettre qu'en
général l'architecture byzantine n'a pu atteindre son apogée; mais aussi, il n'é-
chappera pas non plus à l'œil scrutateur de l'artiste à quel haut degré de beauté
cette architecture a su s'élever, et il ne lui échappera pas qu'elle paraît être le
style le plus approprié à nos climats septentrionaux.

Nous nous bornerons donc, dans cet ouvrage, à reproduire cette architecture
autant qu'elle peut satisfaire nos besoins actuels, afin de l'amener graduellement
et sans imitation servile au plus haut point de perfection possible; nous cherchons
à lui imprimer le cachet de la liberté et de l'imagination, et elle répondra victo-
rieusement à son génie!

L'ornementation byzantine doit son origine à celle créée par l'art romain; c'est
ce qui est principalement prouvé par les moulures, qui, d'ordinaire, sont formées
de demi-cercles. Ce n'est que plus tard que les entablements offrirent une apparence plus hardie et qu'ils se rapprochèrent du caractère grec. Des baguettes
aplaties ou déprimées, des refouillements profonds, de fortes retraites, produi-
sirent une plus grande variété et plus d'effet. Mais cette circonstance, du reste si
favorable au perfectionnement de l'ornementation du style byzantin, amena un
résultat tout opposé; car tout à coup ce style fut abandonné, et nous en voyons
paraître un nouveau, qu'on désigne en Allemagne par la dénomination de style
de transition ou avant-gothique. Il serait difficile de pénétrer dans les causes de
cette nouvelle direction de l'art : paraîtraient-elles même vraisemblables, elles
n'en seraient pas moins d'un caractère problématique. Ce nouveau style n'eut
qu'une courte durée, et ne laissa, à l'exception des profils toutefois, rien de
bien remarquable. Mais l'architecture germanique (gothique), au contraire, se
développa rapidement et atteignit dans un court espace de temps son point cul-
minant.

Arrivée au plus haut point de développement, une décadence devint inévitable,
et l'on peut s'apercevoir principalement de cette décadence dans les ornements
qui, s'éloignant de leur ancienne simplicité, de leur primitive pureté, dégéné-
rèrent en une complication d'enlacements confus et sans cachet.

Nous venons donc de décrire brièvement un laps de temps de plusieurs siècles,
qu'un peuple créateur et pieux parcourut dans sa phase intellectuelle et en déve-
loppant progressivement son architecture.

Quoique nous n'ayons aucun document écrit qui puisse nous retracer une constante activité dans les créations de l'art, nous avons des pierres qui, plus éloquentes que la lettre morte, nous imposent, dans un langage sérieux, le devoir de payer notre tardif tribut d'admiration aux arts de ce peuple chrétien du moyen âge.

Nos efforts tendront donc à nous livrer à l'étude de l'ornementation du moyen âge, non-seulement comme on cherche à acquérir la connaissance des langues mortes, qui n'est uniquement destinée qu'à servir à l'intelligence des poèmes et des descriptions de l'antiquité, ou pour combler les lacunes de l'histoire, de la littérature et des beaux-arts; mais l'étude de l'ornementation du moyen âge doit être entreprise avec le plus grand soin, pour que le génie et le caractère de l'architecture de cette époque se reflètent clairement à nos yeux, qu'ils nous inspirent de nouveau, afin de pouvoir les appliquer d'une manière nouvelle et hardie dans nos créations architecturales.

Il nous a donc paru convenable et nécessaire de publier une suite choisie d'ornements du moyen âge, de la publier dans un format et d'une telle manière, que la personne la moins experte puisse en lire et comprendre distinctement l'apparence et les moindres caractères, et que cette collection, enfin, puisse encore offrir un secours utile aux architectes, aux peintres, aux sculpteurs, et, en un mot, à tous ceux qui s'occupent de composition architecturale, et qui pratiquent l'art de l'architecture.

Nous pensons devoir faire observer qu'aucun des ornements qui entreront dans notre collection n'est tiré d'ouvrages déjà publiés; ils sont dessinés d'après nature par les auteurs eux-mêmes ou par d'autres artistes choisis comme collaborateurs.

Nous espérons donc que ce recueil sera d'autant mieux accueilli que notre unique but n'est que de faire connaître la mine si féconde et non encore exploitée des ornements du moyen âge : nous espérons en ouvrir le chemin par le travail que nous offrons aujourd'hui au public.

L'ORNEMENTATION

DU MOYEN AGE.

EXPLICATION DES PLANCHES.

PREMIÈRE LIVRAISON.

STYLE BYZANTIN.

PLANCHE PREMIÈRE.

Fig. *a*, *b*, *c*, *d*. Quatre chapiteaux de l'église de Saint-Sébalde de Nuremberg, datant du xii⁰ siècle. Le diamètre des colonnes qui les supportent est de huit pouces du Rhin ou 0^m 21.

g. Profil de l'astragale de ces quatre chapiteaux.

f. Plan; et *h*, coupe de leur tailloir.

PLANCHE II.

Fig. *a*, *b*, *d*, *c*. Quatre chapiteaux du xii⁰ siècle. Le diamètre de leurs colonnes est de treize pouces du Rhin ou 0^m 34.

c, *f*, *h*. Consoles.

g. Face latérale du chapiteau *f*.

i. Profil de l'astragale *k*.

Tirés de l'église de Saint-Sébalde de Nuremberg.

I.1

PLANCHE III.

Fig. *a*. Frise peinte à fresque, tirée des ruines du couvent de Heiligen-Kreuz, près Neissen, en Saxe. On ignore la date de cet ornement : à en juger par le style, il appartiendrait au xie siècle. Cette espèce d'ornement ne se trouve que très-rarement en Allemagne. La manie du badigeon et l'amour de la destruction en sont probablement la principale cause. En fait de badigeon, le dôme de Bamberg en offre un exemple. (Voy. pl. IV.) Nous publierons encore plus tard plusieurs de ces ornements, non-seulement à cause de leur rareté, mais encore pour le puissant intérêt qu'ils offrent. Nous sommes redevable de cet ornement, ainsi que de la figure *c*, à la bonté de M. Durst, architecte.

b. Ornement de la clef de voûte d'une voûte d'arête dans l'église de Saint-Sébalde de Nuremberg. L'enlacement du cercle avec le triangle indique peut-être un sens symbolique.

c. Ornement placé au-dessus d'une porte de l'église de Nossen en Saxe, datant probablement du xie siècle.

d. Profil d'une base de fût de colonne de l'église de Saint-Sébalde de Nuremberg.

e. Tailloir d'un chapiteau byzantin d'une époque moins reculée, tiré de l'église de Kloster-Heilsbronn, en Bavière.

f. Profil du tailloir des chapiteaux de la pl. II.

g. Tailloir du dôme de Bamberg, des années 1004 à 1012.

PLANCHE IV.

Fig. *a*. Ornement de l'archivolte du portail de la chapelle de Kloster-Heilsbronn, de l'année 1135.

b et *c*. Clefs de voûte ornées de l'église de Saint-Sébalde de Nuremberg.

d. Peinture à fresque dans le chœur de Saint-Pierre du dôme de Bamberg. La couleur de cet ornement est d'un rouge clair; le fond en est brun. L'empereur Henri II, dit le Saint, fonda cette cathédrale en l'année 1004. Trois années plus tard, elle était achevée en majeure partie. Elle fut inaugurée en l'an 1012. En l'année 1831, Louis I de Bavière, amateur et protecteur éclairé des arts, donna l'ordre de délivrer cette église de tous les objets baroques dont on l'avait affublée, et en outre qu'elle fût rétablie dans son état primitif. On enleva avec soin l'épais badigeon blanc à la chaux; alors on vit non-seulement reparaître tous les ornements dans leur pureté primitive, mais on aperçut encore que la totalité du chœur de Saint-Pierre avait été ornée autrefois de peintures à fresque, et qu'une époque sans goût osa enlever au regard des amateurs en les couvrant d'une couche de chaux blanche. Combien de trésors de cette espèce ne découvrirait-on pas, si l'on restaurait ainsi les églises élevées dans le style byzantin ! Non-seulement les arts y

gagneraient, mais la piété même des fidèles en serait rendue plus vive et plus fervente.
— C'est à l'obligeance de M. Solger, architecte, que nous devons la communication de ce
curieux ornement.

ARCHITECTURE GERMANIQUE (GOTHIQUE).

PLANCHE V.

Fig. *a*. Feuille rampante tirée d'une église de Rouen, du xvᵉ siècle.

b. Feuille rampante de Notre-Dame de Paris.

c et *d*. Feuilles rampantes plus simples, qu'on retrouve aux xivᵉ et xvᵉ siècles, et fréquemment encore plus tard.

e et *g*. Feuilles également employées fréquemment.

f. Ornement d'une gorge ou cavet à Notre-Dame de Paris.

h et *i*. Deux feuilles rampantes tirées des stalles de l'église de Saint-Laurent de Nuremberg. Elles sont en bois et datent du xvᵉ siècle.

PLANCHE VI.

Fig. *a*, *b*, *c* et *d*. Quatre ornements du char nuptial de la princesse Anne, fille de l'électeur Auguste, et femme du duc Jean-Casimir de Saxe-Cobourg, à Cobourg. Ce char est de l'année 1586. Ces ornements sont fort plats (en bas-relief), sculptés en bois et dorés. On remarquera avec intérêt comment on employait les plantes indigènes, telles que la vigne, le chardon et autres, dans l'ornementation germanique ou gothique.

PLANCHE VII.

Autre ornement du même char.

PLANCHE VIII.

Fig. *a*. Crosse épiscopale; et *b*, croix en bois, sculptées et dorées par Veit Stoss, et qui se trouvent dans l'église de Hersbruck, en Bavière. Le plan de la crosse est formé par un triangle équilatéral, et la crosse elle-même a 16 pouces du Rhin ou 0ᵐ42 de hauteur : celle de la croix est également de 0ᵐ42.

DEUXIÈME LIVRAISON.

STYLE BYZANTIN.

PLANCHE PREMIÈRE.

Fig. *a*, *b*, *c*. Frises extérieures de l'ancienne cathédrale d'Ellwangen, dans le royaume de Wurtemberg, de l'époque des abbés Berengaire et Odonberte (xie siècle).

d. Chapiteau de l'abbaye de Saint-Germain de Paris.

e. Chapiteau de la chapelle d'Ottmar à Nuremberg. Ces deux monuments sont du xie siècle.

PLANCHE II.

Fig. *a*. Chapiteau d'un pilier, tiré des ruines du couvent des Bénédictins de Hirschau dans le royaume de Wurtemberg. Ce monastère date du temps du saint abbé Guillaume, et fut détruit en 1692 par les Français, pendant les guerres de Louis XIV.

b. Chapiteau du xiie siècle, trouvé dans l'abbaye des bénédictins de Murhard, fondée en 816.

c. Chapiteau de Saint-Sébalde de Nuremberg (xiie siècle).

d. Chapiteau de l'ancienne église collégiale du Saint-Sépulcre de Deckendorf en Bavière, et du xiiie siècle.

STYLE GERMANIQUE (GOTHIQUE).

PLANCHE III.

Fig. *a*. Ornement de la reliure d'un ancien missel de l'église de Markt-Erlbach (impression de cuir).

b. Ornement courant de métal d'un rétable de l'église conventuelle des Carmélites de Nuremberg.

c. Ornement d'une serrure de la maison dite Unschlitthaus, à Nuremberg.

d. Entrée de serrure d'une ancienne maison de Nuremberg.

e, *g*, *h*, *i*. Rosaces en fer d'anciennes maisons de Nuremberg.

f. Clef de voûte de l'église de Saint-Job, près Nuremberg.

PLANCHE IV.

Fig. *a*, *a*. Bordure tissée ou encadrement d'une nappe d'autel de l'ancienne église cathédrale de Saint-Laurent de Nuremberg.

b. Couronne en étain d'une statue de Vierge de l'ancienne église des pèlerins hospitaliers de Sainte-Marthe de Nuremberg.

c, d. Détails de la même.

e. Plaque, sur laquelle frappe le marteau de la porte de la sacristie de l'église de Saint-Laurent de Nuremberg. Le fond est de drap rouge.

PLANCHE V.

Fig. *a, b.* Feuilles rampantes d'une tourelle de Rouen, formées de feuilles de vigne.

c, d et *e.* Feuilles rampantes des stalles de l'église de Saint-Laurent de Nuremberg, formées de chardon, de feuilles d'orme et de chêne.

PLANCHE VI.

Fig. *a, a.* Ornements en bois de la cour d'une maison dite Fünferhaus, à Nuremberg.

b. Console de l'autel de l'église conventuelle des pèlerins hospitaliers de Sainte-Croix de Nuremberg. Le fond est bleu et les ornements dorés.

d. La partie inférieure de l'autel, formant une sorte de niche, dans laquelle sont placées des reliques.

c. Blason de la famille Haller de Hallerstein, à l'église de Sainte-Croix de Nuremberg, du xive siècle. Publié à cause des lambrequins et de l'écusson.

PLANCHE VII.

Fig. *a, b, c, d, e, f, g, h* et *i.* Rosaces en bois des stalles de l'église du couvent de femmes de Sainte-Claire à Nuremberg, du temps de l'abbesse Caritas Pirkheimer (année 1515).

l. Coupe des rosaces.

k. Soubassement ou piédestal d'une armoire en vétusté destinée à serrer des vêtements sacrés, et qui se trouvait dans l'église conventuelle des Cordeliers, aujourd'hui magasin de meubles de Bestelmeyer, à Nuremberg.

PLANCHE VIII.

Fig. *a.* Pilastre-console, formant le pied du tabernacle de l'église Saint-Michel à Fuerth près Nuremberg. Ce tabernacle est l'ouvrage d'Adam Kraft.

b. Coupe et profil du pilastre.

TROISIÈME LIVRAISON.

STYLE BYZANTIN.

PLANCHE PREMIÈRE.

Fig. *a*, *b*, *c* et *d*. Consoles de la tour dite (faussement) *des Païens*, et dont la tradition a cherché à faire un temple de Diane. C'est ce que contredisent néanmoins les figures qu'on voit à cette tour; c'est ce que détruit plus puissamment encore l'architecture de toute la construction. Car si, selon toutes les apparences, Conrad I fonda le château en 913, cette tour cependant, qui appartenait à l'église de Sainte-Marguerite et à la chapelle impériale élevée précisément au-dessus de ses voûtes : cette tour, disons-nous, est sans aucun doute du règne de Henri II le Saint et de sa femme Cunégonde. C'est ce qui est prouvé suffisamment par le caractère des ornements, qui ressemblent d'une manière complète à ceux du dôme de Bamberg, que Conrad Ier éleva au commencement du onzième siècle. Les statues assises de l'empereur et de sa femme sont pratiquées sur les faces de cette tour, dite des Païens, et malgré l'injure du temps on les reconnaît encore distinctement. La similitude du caractère de ces figures et des ornements de la tour dite des Païens avec les figures et les ornements du dôme de Bamberg, est tellement incontestable, qu'il ne peut plus y avoir de doute sur l'époque de sa fondation. On aperçoit à cette tour de fortes traces de vandalisme et de destruction. D'après Murr, dans sa Description des curiosités de la ville de Nuremberg, on en enleva, en 1520, plusieurs statues, et des sculptures représentant des oiseaux et des têtes d'animaux. En l'année 1566 la tour elle-même fut diminuée de hauteur et restaurée.

e. Fleuron ou pompon byzantin placé au-dessus d'un pilier du chœur de l'église abbatiale de Heilbronn; cet ornement n'est cependant pas à sa place dans cette église. Il a appartenu à la chapelle sépulcrale de la maison de Prusse, bâtie en style byzantin, et qui, en 1712, fut convertie d'une manière barbare en brasserie. A cette occasion la belle église conventuelle fut mutilée, dépouillée d'une quantité de ses richesses, et son magnifique cloître fut entièrement démoli. (Voyez l'ouvrage intitulé « *Der kleine Byzantiner* »; le petit Byzantin de Heideloff, Nuremberg, chez Riegel et Wiessner, 1837.)

f. Couronnement de porte du temps de l'abbé Herbot, placé en 1180 dans une chapelle des pèlerins auprès du couvent des Bénédictins de Mannhard. Ce couronnement n'est pas non plus à sa place primitive : mais il était placé anciennement au-dessus de la porte de la chapelle de Waltheric, qui existe dans le cimetière, auprès de l'église abbatiale. Le buste royal à la droite de l'Agnus Dei représente l'empereur Louis le Pieux, qui, selon la tradition, aurait fondé le couvent en 817. Autour de l'Agnus Dei et au bas de la bordure horizontale, l'on voit des inscriptions effacées et qui sont malheureusement illisibles.

PLANCHE II.

Fig. *a*. Frise de la chapelle conventuelle dite Walthers Zelle de Mannhard, avec profil. Cette frise est du temps de l'abbé Herbot et de l'année 1180.

b. Rosace du dôme de Bamberg, communiquée par M. Machold, sculpteur.

c. Rosace du chœur bâti dans le style byzantin de l'église conventuelle de Sainte-Claire de Nuremberg. Cette église sert aujourd'hui de douane.

d. Rosace de l'église conventuelle de Heilsbronn.

e, *f*. Chapiteaux de l'ancienne chapelle castrale de Cobourg, restaurée par M. Gœrgel, architecte et notre collaborateur. Cet artiste dirige la construction du château depuis deux ans (1838, 1839), et l'on peut se réjouir de la quantité de monuments historiques, de vestiges de l'art ancien, qu'on a retrouvés pendant cette restauration, vestiges rendus au public par un protecteur aussi éclairé des arts que le duc régnant Ernest de Saxe-Gotha et Cobourg, qui lui-même a fait exécuter un grand nombre d'œuvres remarquables en fait d'art.

g. Chapiteau de Saint-Sébalde de Nuremberg.

STYLE GERMANIQUE (GOTHIQUE).

PLANCHE III.

Fig. *a*, *b*, *c* et *d*. Frises de la chapelle Waltheric, dans le couvent de Mannhard, et qui contournent le portail.

e. Six consoles diverses du onzième siècle de l'église Saint-Sébalde de Nuremberg.

PLANCHE IV.

Fig. *a*. Forte console du chœur de l'église de Saint-Laurent de Nuremberg.

b, *c*. Ornement et feuille rampante des stalles de la même église, en bois de chêne.

d, *e*, *f* et *g*. Ornements pris des mêmes monuments.

PLANCHE V.

Fig. *a*. Platine d'une serrure à l'hôpital dit de Babenhaus à Tubingue.

b. Poignée d'une armoire destinée à contenir des chasubles dans l'église du bourg Erbach, en Franconie.

c. Ornement d'une serrure du presbytère Saint-Laurent de Nuremberg.

d. Plaque ou écusson du heurtoir ou marteau de la porte de l'église de la chapelle de l'hôpital Sainte-Croix des pèlerins de Haller, dans le faubourg Saint-Jean de Nuremberg *e*. Plaque ornée de serrure d'une maison de Nuremberg.

f. Feuille rampante prise des stalles de l'église Saint-Georges de Tubingue.

g. Feuille rampante et enroulée d'une stalle ayant appartenu autrefois à l'église conventuelle des Frères-Prêcheurs (église de l'hôpital) à Stuttgard. Cette église a été démolie.

h. Ornements sculptés en bois du dortoir du couvent de Babenhausen. Ce beau couvent a été publié en douze feuilles à Tubingue, en 1828, par un jeune architecte de Berne, nommé Henri Graf. Le texte de cet ouvrage fut imprimé dans la même ville chez Ernest Eifert. Quoique la gravure de cette publication soit imparfaite, on peut cependant y reconnaître la beauté de ce magnifique couvent.

PLANCHE VI.

Fig. *a*, *b* et *c*. Ornements aux stalles de l'église de Saint-Georges de Tubingue.

PLANCHE VII.

Fonts baptismaux et détails de l'église Sainte-Marie de Reutlingen, sauvés d'un incendie avec plusieurs autres beaux monuments, parmi lesquels s'est trouvé un saint sépulcre, merveilleusement travaillé, dont nous comptons donner la description dans la suite de cet ouvrage. Ces fonts forment un octogone ; les bas-reliefs, qui sont d'une composition ingénieuse, représentent le baptême de Jésus-Christ par saint Jean, et les sept sacrements.

PLANCHE VIII.

Tabernacle de l'église conventuelle des religieuses Dominicaines d'Offenhausen. Ce couvent était riche en beaux monuments d'art. Mais, lorsqu'en 1542 on voulut réformer les couvents par la force des armes, on imposa aussi à ce couvent un pasteur protestant comme réformateur, et, par un zèle mal entendu, on détruisit d'une manière barbare toutes ses œuvres d'art. A cause des riches pâturages qui dépendaient du monastère, il fut converti en haras. On doit la conservation du tabernacle donné dans cette planche au comte Guillaume de Wurtemberg, prince zélé pour la conservation des monuments d'art du royaume de Wurtemberg, et qui a placé ce tabernacle parmi la collection d'antiquités du moyen âge dont il a orné dernièrement son château de Lichtenstein près Pfullingen, qu'il vient de faire restaurer.

PRÉFACE DE LA QUATRIÈME LIVRAISON.

Nous offrons au public la quatrième livraison des ornements du moyen âge, qui forme avec les précédentes un ensemble composé de trente-deux planches gravées en taille-douce. Comme cet ouvrage a généralement été accueilli avec une extrême bienveillance, les livraisons suivantes paraîtront aussi promptement que possible et sans interruption aucune. Ces quatre premières auraient été publiées plus régulièrement, si d'un côté nos travaux pratiques d'architecture du moyen âge, comme architecte, n'eussent absorbé la plus grande partie de notre temps, et de l'autre si la collaboration de M. Charles Gœrgel ne nous eût été enlevée; car cet architecte a été appelé à la cour ducale de Saxe-Cobourg. Il nous quitta même déjà au commencement de la mise en train de la seconde livraison; c'est ce qui fut la cause du retard apporté dans la publication de cet ouvrage. Nous espérons cependant réparer ce retard en y mettant dans la suite toute l'exactitude possible.

Quant aux deux dernières livraisons, nous avouons avec bonheur que, dans nos fréquents voyages en Souabe, pays si remarquable par son histoire, nous avons reconnu qu'il pouvait être considéré comme une vraie mine d'or quant aux ornements du moyen âge; mine inconnue, et non exploitée encore par conséquent : nous publierons ses innombrables trésors dans les livraisons suivantes, nous en ferons un bien public. De cette manière nous pourrons convaincre le public amateur des arts de l'opinion émise plus haut, qui nous porte à croire que la Souabe est une des contrées de l'Allemagne les plus riches en restes de monuments d'art et surtout d'architecture du moyen âge.

Si l'on prend en considération quelles tempêtes effroyables d'une ère de révolutions soufflèrent sur ces monuments; si l'on considère que le vandalisme exercé pendant la révolte des paysans, l'esprit d'intolérance de la réformation, les ravages terribles de la guerre de Trente Ans, passèrent sur ces restes vénérables d'une grande époque d'art sans les anéantir, en leur apportant moins de préjudices encore que les spéculations financières de notre époque, qui jusqu'aujourd'hui même exercent puissamment leur système impitoyable de destruction; lorsque l'on pèse toutes ces circonstances, il faut rendre grâces au génie qui préside au développement de la culture intellectuelle de l'humanité de nous avoir transmis ce que le passé lui avait confié, n'aurait-il pu détourner même entièrement les suites de la brutalité, de la méchanceté et de l'ignorance du legs dont il était dépositaire.

Sous ces grands princes de la maison de Hohenstaufen, amateurs des arts, la Souabe a vu s'élever chez elle une grande quantité de monuments : elle s'est surtout distinguée par ceux élevés dans les styles byzantin et germanique, sans avoir pour cela négligé les autres arts du dessin. Car il fut donné au Wurtemberg de perfectionner le talent des artistes, et l'on peut désigner comme autant d'écoles d'art tous les couvents et fondations des Bénédictins, ordre auquel on doit reconnaître le grand mérite d'avoir favorisé puissamment les arts et les sciences. Au sein de ces pieuses fondations, comme en général dans tous les asiles sacrés de la piété, devant lesquels la guerre avec ses suites funestes passaient avec respect et vénération, l'art pouvait être développé en paix et avec le recueillement qui lui est si nécessaire, et transmettre par conséquent aux générations futures ses créations comme un legs sacré et inviolable.

C'est ainsi que brille dans l'histoire, comme école et asile des arts, le superbe couvent de Bénédictins de Hirschau sur la Nagold. Il compte au nombre de ses célèbres et spirituels abbés un Guillaume, un Bruno et autres. Ces deux ecclésiastiques étaient eux-mêmes des architectes praticiens ; ils formèrent aussi de grands artistes qui eurent occasion de développer leur talent et de créer de nombreux ouvrages d'art dans les cours des princes, des comtes, des seigneurs, et au sein des riches villes impériales.

Sous de tels auspices l'ornementation pouvait se développer et se perfectionner puissamment dans son essence poétique et fantastique jusqu'à l'âge de la réformation, et laisser à l'avenir de grands modèles de ses créations étonnantes.

Qui peut ne pas connaître les œuvres inimitables de sculpture de Georges Sürlen l'aîné, dans la cathédrale d'Ulm, dans le couvent de Blaubeuern et ailleurs ? Qui peut ignorer les noms de Henri et Pierre Arler de Gmuend, de Boeblinger, d'Enzinger, d'Esler, de Kugler, de Jean de Weinsberg et autres ? Tous ces artistes ont produit des œuvres d'architecture admirables ; et la belle pierre que fournissent les carrières du Wurtemberg a poussé l'art de tailler la pierre à son plus haut développement. C'est pour cette raison aussi qu'on trouve dans les lieux les plus solitaires de la Souabe les plus beaux modèles d'architecture ; et il est inconcevable, il est même déplorable que ces magnifiques restes d'architecture et d'ornementation ne furent jamais, ou bien rarement, visités et étudiés par des artistes, ce qui aurait pu contribuer sans nul doute à leur conservation future.

Mais ces restes magnifiques d'une grande époque passée de l'art ne seront plus désormais ensevelis dans l'oubli ; ils seront autant que possible préservés des influences funestes du climat aussi bien que de l'influence plus funeste encore d'un système mal entendu de restauration, et présentés aux amateurs éclairés de notre époque. Dans ce but nous nous sommes adjoint M. Georges Eberlein, peintre d'architecture et notre élève, qui est doué des plus heureuses facultés pour la recherche des monuments historiques et qui nous a déjà fourni dans les deux dernières livraisons d'importantes communications. Il a donné dans la quatrième livraison le prie-Dieu du duc Évrard Ier de Wurtemberg et d'Urach, qu'il a dessiné d'après nature et que nous décrirons d'une manière circonstanciée dans cette livraison, au texte de la planche II.

QUATRIÈME LIVRAISON.

STYLE BYZANTIN.

PLANCHE PREMIÈRE.

Fig. *a, b*. Chapiteaux byzantins, ayant de l'analogie avec le style arabe, tirés de l'ancienne église conventuelle de l'ordre de Cîteaux et église collégiale de Lilienfeld, dans la basse Autriche, du règne de Léopold-le-Glorieux, duc d'Autriche et de Styrie. Ces chapiteaux sont de l'année 1232. Le duc et sa femme Alexie, parente de l'empereur de Byzance, sont enterrés dans cette église. En l'année 1597, ce couvent eut à souffrir cruellement de la révolte des paysans, et plusieurs de ses curiosités et objets d'art furent entièrement détruits, ainsi que certaines parties de son architecture.

c, d. Base et chapiteau byzantins du couvent des Bénédictins de Lorch, dans le royaume de Wurtemberg, et fondé par les puissants princes de la maison de Hohenstaufen. Ce chapiteau faisait partie d'une fenêtre géminée d'une cellule au-dessus du cloître. A cette baie appartenait aussi la base *d*. Ce couvent, et plus particulièrement son église, dans laquelle se trouvait le caveau des empereurs de la maison de Souabe, est dans un état de ruine, malgré les restaurations qu'on y a entreprises, et il offre encore les traces du vandalisme stupide des paysans révoltés en 1525. On y voit aussi les marques de la brutalité d'une autre époque, de celle de la réformation; brutalité qui n'eût pas existé si les vandales du seizième siècle eussent été instruits de ce que les grands princes de la maison de Souabe avaient fait pour la patrie, et auxquels on en doit encore aujourd'hui une éternelle reconnaissance. Le couvent et l'église de Lorch sont les seuls monuments d'architecture du royaume de Wurtemberg du règne de ces grands et superbes princes, qui surent amener pour l'Allemagne un siècle semblable à celui d'Auguste quant aux arts. L'Allemagne doit voir restaurer ces monuments, elle en a l'obligation à une époque où les monuments commémoratifs et les statues sont si fort à la mode. Autrement elle aurait à entendre les reproches des peuples germaniques; elle s'entendrait accuser de faire moins pour ses grands hommes, de faire moins pour les fils illustres de la patrie, que ne le fait une de ses nations pour d'illustres étrangers, ou qu'elle n'a fait pour des hommes qui, tout en étant Allemands, n'appartiennent pas directement à sa race. Les figures impériales de l'église de Lorch sont effacées par le temps, à peine peut-on encore en découvrir les traces. Le roi Louis de Bavière a élevé dans sa capitale et dans sa Walhalla un monument à la mémoire des puissants Hohenstaufen. Doivent-ils être oubliés dans leur patrie, dans leurs états héréditaires, et les témoins encore vivants de leur glorieuse époque doivent-ils tomber entièrement en ruine, et par conséquent voir anéantir jusqu'à leur souvenir même? Dans les livraisons suivantes on donnera beaucoup d'ornements remarquables de ce couvent célèbre.

e, f, g. Chapiteaux de l'église conventuelle de Heilsbronn en Bavière, dans le cercle de la Franconie centrale. Heilsbronn était le lieu de sépulture des margraves de Brandebourg, d'Anspach, etc., etc., burgraves de Nuremberg, de la maison royale de Prusse, branche de Hohenzollern.

h, i, j, k, l, m et *n.* Bases et chapiteaux du couvent de l'ordre de Cîteaux et église collégiale de Sainte-Croix près de Vienne en Autriche. Ces ornements se trouvent dans le caveau des anciens Babenberger, auprès du cloître. C'est là que repose aussi Frédéric-le-Guerrier, duc d'Autriche et de Carniole, mort le 15 juillet 1246. Ce couvent fut fondé par Léopold-le-Saint en 1134 : autrefois il était habité par trois cents religieux. Les rois de Hongrie et de Bohême, les ducs d'Autriche et de Bavière furent successivement les bienfaiteurs de ce monastère. Dans les deux siéges que Vienne eut à soutenir contre les Turcs, ce couvent a beaucoup souffert.

STYLE GERMANIQUE (GOTHIQUE).

PLANCHE II.

Vue perspective du prie-Dieu du comte Évrard l'aîné de Wurtemberg, depuis premier duc de Wurtemberg et de Teck. Ce prie-Dieu se trouve dans l'ancienne église cathédrale de Saint-Amand à Urach, capitale du comte Évrard avant qu'il ne transférât ce titre à Stuttgart, par le traité de paix de Munsingen, en 1482. Ce magnifique siége, exécuté en bois de chêne de la plus belle qualité, est, avec l'épée et le journal manuscrit de ce prince, une des plus précieuses reliques de l'époque et d'une grande valeur comme objet d'art ; l'épée et le journal sont conservés dans les archives de Stuttgart. Le comte Évrard fit exécuter ce riche siége en l'année 1472, quatre ans après son retour de la Terre-Sainte. Comme membre de plusieurs ordres religieux et comme seigneur souverain, il avait le droit, d'après les lois ecclésiastiques, d'avoir son prie-Dieu en face du trône épiscopal, et par conséquent à la gauche de l'autel. Le 4 juillet 1474, le comte Évrard épousa la princesse Barbe, fille du margrave Louis de Mantoue, de la maison de Gonzague ; elle était petite-fille du margrave Albert-Achille de Brandebourg. Il est probable qu'Évrard connut la princesse Barbe à la cour de son père, ce qui a pu arriver pendant ses fréquents voyages à Rome ; et c'est encore pour cette raison qu'il est facile de deviner pourquoi il fit représenter sur son prie-Dieu les figures de sainte Barbe et de saint Pierre, la première comme la patronne de sa femme, le second comme souvenir de Saint-Pierre de Rome. Le motif du bas-relief placé sur la face principale et extérieure est singulièrement choisi :

il représente Noé ivre, couché dans une cabane ombragée de feuillages et de pampres. Ses deux fils aînés viennent de le couvrir d'un manteau : mais le plus jeune ne respecte pas son père, et Noé donne sa malédiction à Cham qui s'est moqué de lui, tandis qu'il bénit Sem et Japhet : Genèse, chap. V, v. 21 à 25. On ne peut donner que des conjectures très-hasardées sur l'idée que le comte Évrard ou les artistes eurent en choisissant ce sujet ; aurait-on voulu symboliser l'ivrognerie et ses conséquences, montrer de quelle manière elle peut donner lieu à un fils de se moquer de son père et au père de maudire son fils? Dans quelque intention que ce choix, en apparence si baroque, ait été fait, il est certain qu'on sait par beaucoup d'exemples analogues combien on se plaisait alors à reproduire de tels sujets, pour obtenir par les moyens les plus curieux des résultats sérieux. Toute cette chaire a le même ton ; le chêne a conservé sa couleur naturelle, sans la moindre polychromie ; à l'exception cependant de la clef de voûte ou sorte de panneau central, et encore de la devise du comte « Attempo » je hasarde, où l'on re-marque de la dorure ; on en voit aussi aux deux petites rosaces. L'ensemble est un chef-d'œuvre de sculpture en bois : on y remarque une grande variété, comme le font voir nos planches. Il est à regretter que ce siége ait été aussi endommagé, dans sa partie supérieure surtout, dans son couronnement, où il manque des clochetons ainsi qu'une partie des beaux ornements accompagnant les armes du prince. Les supports du blason, sous la forme d'anges, sont également très-mutilés. Il paraît que le conseil de fabrique d'Urach a l'intention de faire restaurer ce prie-Dieu par un artiste habile à imiter le style du moyen âge ; l'histoire et les patriotes véritables lui en devront de la reconnaissance. Il est à regretter que, dans les anciennes églises du Wurtemberg, le chœur reste sans destination, quoique l'Église protestante ait reconnu la nécessité de conserver ce chœur pour y placer l'autel avec toute sa signification sacrée et relative à la partie liturgique du culte, et posé ce principe comme appartenant essentiellement à l'église chrétienne. Autre-ment l'auteur aurait proposé de replacer ce monument curieux du fondateur de la maison de Wurtemberg à sa place primitive, après qu'il aurait été restauré.

PLANCHE III.

Fig. *a*. Décoration du côté droit extérieur du siége. (Voy. la pl. précédente.) Le travail en est merveilleusement exécuté, et la figure du saint Pierre est surtout belle.

b. Feuille rampante, sur une plus grande échelle ; elle se répète souvent et se diversifie dans cette chaire.

c. Fragment et profil de la base du montant ou chambranle qui supporte la naissance de l'arc principal.

d. Chapiteaux de ce montant ou chambranle.

e. Ornement supérieur du côté droit des arcades, prenant naissance sous le couronnement du baldaquin.

f. Ornement latéral du dessus des ogives en accolade, ornant le côté droit du siége, au-dessus de la Madone. (Voy. pl. VII.)

g. Profil des petits chapiteaux d'angle, sur lesquels s'élèvent les ogives en accolade au côté droit du siége.

h. Feuille tirée du panneau orné de feuilles de vigne, de pampres et d'oiseaux au-dessous de la figure de saint Pierre. (Voy. pl. II.)

PLANCHE IV.

Fig. *a*, *b*. Feuillages sculptés en relief sur les deux panneaux immédiatement en-dessous de la figure de saint Pierre. (Voy. pl. II.)

c. Partie d'une frise courante dans l'église de Saint-Amand d'Urach.

PLANCHE V.

Fig. *a*, *b*. Ornements en relief et à jour de l'arc du baldaquin en dessous du couronnement ; *a* à la gauche, et *b* à la droite de la chaire.

c, *d*, *e*, *f*. Plusieurs feuilles rampantes du couronnement du panneau de la figure de sainte Barbe. (Voy. pl. VIII.)

PLANCHE VI.

Fig. *a*, *b*, *d*, *e*. Feuilles rampantes aux ogives du couronnement.

c. Chapiteau-console supportant la figure de saint Pierre. (Voy. pl. II et III.)

f, *g*. Ornements des panneaux latéraux du prie-Dieu. (Voy. la vue générale, pl. II.)

PLANCHE VII.

Fig. *a*. Vue perspective du plafond et des côtés latéraux de la chaire ; à la droite se trouve la Vierge ayant à ses genoux le comte Évrard, à la gauche on voit sainte Barbe. La rosace centrale du plafond porte le blason de Wurtemberg et de Montbéliard : il a pour support deux anges qui sont dorés, ainsi que le mot *Attempo*, et les deux rosaces de la banderole. Au-dessous de cette dernière on lit l'inscription suivante :

Ces lettres sont des majuscules et telles qu'on s'en servit en style monumental et calligraphique jusqu'à la réformation. Ces caractères sont beaux et taillés profondément dans le bois.

b. Ornement des accotoirs de l'escabeau. (Voy. pl. II.)

c. Console ou miséricorde du siége.

PLANCHE VIII.

Fig. *a.* Face gauche latérale intérieure, avec la statue de sainte Barbe.

b. Profil des ogives.

c. Profil des meneaux du panneau.

d. Profil de 1 à 2. Le côté gauche extérieur de ce prie-Dieu est entièrement lisse, parce qu'il s'appuie contre un pilier.

AVANT PROPOS DE LA CINQUIÈME LIVRAISON.

En publiant la cinquième livraison des *Ornements du moyen âge*, nous devons nous justifier de nous être éloigné de notre plan primitif et de la promesse que nous avons faite d'offrir sur la moitié du nombre des planches, des détails byzantins, et sur l'autre moitié des détails du style germanique, et, afin de former un tout complet, d'avoir donné sept planches du style germanique dans la quatrième livraison. Nous avons cherché à établir une sorte de balance en donnant, dans la cinquième livraison, six feuilles de détails byzantins ; elle se trouve en outre enrichie d'un document curieux fourni par notre ami M. le professeur Mauch, avec lequel nous avons travaillé dès l'année 1816, lors de la construction du château de Cobourg. Nous nous occupions dans nos loisirs à étudier l'architecture du moyen âge et l'archéologie, et le voisinage de Bamberg et de Nuremberg nous offrait de grandes richesses.

Séparé depuis des années de notre ami, qui se trouvait à Berlin, nous eûmes la satisfaction de recevoir de lui des matériaux pour notre ouvrage, tirés de la collection précieuse qu'il s'est faite. Il nous a écrit en 1843 une lettre de Stuttgart, où il remplit la place de professeur à l'école polytechnique depuis plusieurs années ; cette lettre accompagnait le texte descriptif de ses planches, et il y dit au commencement ce qui suit :

« Dans l'ouvrage que j'ai sous les yeux, le choix des sujets divers de l'ornementation du moyen âge, aussi bien que la manière dont ils sont reproduits, démontrent de l'intelligence, du génie et de l'amour de l'art ; en sorte que je me fais un véritable plaisir de répondre aux vœux de l'auteur, de lui communiquer quelques matériaux de ma riche collection. »

Dans la sixième livraison nous publierons des détails curieux des anciens couvents d'Esslingue et de la belle chapelle de l'hôpital, qui ont été détruits avec un effroyable vandalisme.

Engagé souvent à comprendre dans notre ouvrage l'ornementation polychrôme, nous y joindrons aussi des peintures à fresque, tirées d'anciennes églises, de couvents, de chapelles et de châteaux, et que nous avons conservées dans nos portefeuilles. Nous y ajouterons encore des dessins d'anciennes étoffes, de meubles et d'ustensiles divers, que nous accompagnerons de remarques sur l'ornementation byzantine, sur la matière dont elle est formée, sur son style et son emploi.

CINQUIÈME LIVRAISON.

STYLE BYZANTIN.

PLANCHE PREMIÈRE.

Fig. *a*, *b*, *c*, *d*. Chapiteaux, et *e*, *f*, bases tirées de la chapelle de Saint-Walderic, de l'ancienne église bénédictine et conventuelle de Murrhard. Cette chapelle est si riche en ornements divers, que l'auteur n'a pu s'empêcher d'en recueillir bon nombre, parmi lesquels se trouvent des chapiteaux et des frises qui se distinguent par leur composition merveilleuse et originale.

Cette chapelle remarquable est du temps de l'abbé Herborde, de l'an 1180. Son ornementation est dans un état de conservation si parfaite qu'elle semble avoir été faite récemment. On voit dans cette chapelle la statue de saint Walderic, placée sur un autel en pierre. Il est étonnant que, même depuis la réformation, les pèlerinages au tombeau de ce saint n'aient point cessé, et que les protestants eux-mêmes y vont en pèlerinage et y offrent des dons d'argent et de cierges. Cette circonstance concourt à la conservation de ce curieux monument.

PLANCHE II.

Fig. *a*, *b*, *c*. Frise intérieure de la chapelle de Saint-Walderic de Murrhard; la fig. *b* représente la frise supérieure de cette chapelle.

d. Frise, d'une rare beauté et bien conservée, de l'ancienne église cathédrale de Faurndau sur le Fils, dans le grand bailliage de Goeppingen, royaume de Wurtemberg.

Faurndau passe pour être plus ancien que Murrhard; il a été fondé vers la fin du règne de Charlemagne, dit-on. Dans l'origine ce couvent était de l'ordre des Bénédictins.

En 875, Louis-le-Germanique en fit présent à son aumônier, nommé Luitprand. L'empereur Arnolphe le racheta de ce dernier en 888, et en fit hommage, avec le consentement du pape Formose, au couvent de Saint-Gall, pour lequel il avait une grande prédilection.

L'auteur n'a pu découvrir comment cette *miynature* de couvent (c'est ainsi qu'on l'appelait alors) fut détachée de nouveau de Saint-Gall pour être convertie en cathédrale : on sait seulement que les Hohenstaufen en furent les bienfaiteurs et qu'ils lui accordèrent leur haute protection. Il est probable que c'est de leur temps que ce couvent devint le siége d'un évêque; qu'il le resta jusqu'à la réformation, et que ce n'est que le duc Ulric, qui le supprima, au mariage duquel parut, en 1511, le dernier évêque de Faurndau, avec les autres évêques de Wurtemberg, pour offrir de riches et de nombreux présents au prince.

Cette église cathédrale avait la forme d'une basilique, elle avait en outre un grand et deux petits chœurs en hémicycle, qui étaient ornés de peintures dont on retrouve encore des traces non équivoques. Le petit chœur de gauche est démoli : à sa place s'élève une sacristie.

Ainsi qu'à Murrhard, ses ornements sont parfaitement conservés, et, quoique moins variés et moins riches, exécutés dans un style plus pur. Nous croyons devoir mettre la construction de cette église dans les temps des Hohenstaufen. Nous donnerons plus tard quatre chapiteaux remarquables de cette église.

e. Frise de huit pouces (0^{m}24) de hauteur de l'église conventuelle de Alpirsbach, dans la Forêt-Noire, sur la Kinzig, élevée par les Hohenzollern, dont descendait le premier abbé de ce monastère. Cet ornement si beau et si original était autrefois enrichi de peintures; il date du temps de cet abbé, car il en porte tout à fait le caractère et le type.

f. Frise du couvent d'Anhausen, sur la Brenz, fondé en 1125 par les comtes palatins de Tuebingue, Mangold, Albert, Ulric et Gaultier. D'après cette belle frise, de l'époque de Siegfried, premier abbé d'Anhausen, on peut juger du mérite des autres ornements de l'église et des bâtiments claustraux. Aujourd'hui tout est détruit, et aucun vestige ne rappelle la magnificence du couvent; rien ne rappelle même qu'il exista jamais.

PLANCHE III.

Fig. *a*, *b*, *c*. Ornements perpendiculaires du portail de la chapelle de Saint-Walderic de Murrhard.

d. Ornement vertical grossièrement rehaussé de couleurs de l'antique chapelle castrale du château de la maison de Wurtemberg, près Stuttgart.

En 1813, le roi Frédéric Ier de Wurtemberg ordonna à M. de Seele, directeur de la galerie des tableaux et maître de l'auteur, de faire dessiner le château de ses pères : l'auteur de cet ouvrage en fut chargé. Il lui fut enjoint de relever l'ensemble du château, d'en faire les plans, d'en dessiner les différentes parties sur vingt feuilles pour en composer un album. L'exécution de ce projet fut interrompue par la mort de M. de Seele; mais les dessins sont restés la propriété de l'auteur.

Cet ornement remarquable est certainement du onzième siècle. Il était colorié sur une impression blanche à la chaux. Les chiffres que nous y avons placés indiquent les couleurs : 1, brun-foncé ; 2, bleu-verdâtre ; 3, rouge de brique ; 4, jaune et nuancé de jaune-foncé ; 5, vert. Nous n'avons retrouvé ce reste précieux d'art qu'après avoir gratté avec beaucoup de peine les différents badigeons qui le couvraient. Nous n'avons pu en retrouver qu'une longueur de 9 pouces 1/2 tout près du sol, et seulement quelques légères traces de la peinture primitive.

La chapelle n'était que petite et selon le goût de l'époque, et lorsque le vandalisme atteignit le château, cette chapelle eut beaucoup à souffrir. Le chœur fut démoli ; l'auteur a pu en retrouver des traces ; il fut converti en écurie. En 1802, nous découvrîmes une inscription au-dessus de la porte, qui nous donna l'âge de cette chapelle. Cette inscription a été détruite par le docteur Reuss, administrateur du grand bailliage de Schorndorf. En voici le texte : ANNO. DOMINICAE. INCARN. MILL. LXXXIII. INDIC. VI. III. FEB. DED. HEC. CAP. AB. ADELB. WORMENS. EC. EPO. INST. Ce qui prouve que notre ornement en question est positivement de l'époque que nous avons indiquée.

Nous espérons que cette inscription a été conservée. Elle est peut être le seul document certain constatant l'âge de la chapelle et de ses ouvrages d'art. Il est vraiment étonnant que le château antique des princes de la maison régnante de Wurtemberg, un des plus beaux ornements de ses environs, n'ait pas été détruit de fond en comble dans la suite des temps, pendant les grandes révolutions qu'il eut à traverser, et qu'aujourd'hui encore ses fondations existent intactes. Cette circonstance est un heureux présage pour cette royale maison, dont les princes habitaient encore le château jusqu'en 1321.

e. Chapiteau, et *f, g,* rosaces aux voûtes du dôme de Bamberg restauré par l'auteur. Ces trois fragments sont actuellement délivrés de leurs badigeons successifs, et on peut les apercevoir dans leur pureté primitive. Selon la volonté du roi Louis de Bavière, de cet amateur distingué des arts, l'intérieur du dôme recevra de nouveau son ancienne décoration polychrôme. Les fenêtres en seront ornées de vitraux de couleur. Les trois fragments que nous venons de nommer sont du règne d'Othon-le-Saint.

PLANCHE IV.

Fig. *a.* Chapiteau du grand pilier au centre du porche du dôme de Saint-Michel de Halle, en Souabe, du temps de l'évêque Gebhard de Wurzbourg, comte de Henneberg, de l'année 1156. C'est aussi de cette époque que datent le pignon ou fronton et en partie le clocher.

Cette église, qui avait autrefois la forme d'une petite basilique byzantine, fut agrandie en 1427 et terminée seulement en 1525. Jusqu'en 1836, son intérieur était si bien conservé qu'on aurait pu croire qu'il venait d'être achevé. Mais depuis, cet intérieur a été

badigeonné par l'ordre d'un architecte incapable, qui a déshonoré ce beau monument.
Fig. *b*. représente le plan du pilier, et fig *c*. le piédestal, qui semble ne pas être de la
même époque que le chapiteau.

PLANCHE V.

Fig. *a*. Chapiteau du pilier central de la chapelle supérieure du château neuf de Fribourg, sur la Unstrut, non loin de Naumbourg. Le fût de chacune de ces quatre colonnes
(de 7 pouces 1/3, ou 0^m 192, de diamètre sur 6 pieds 4 pouces 3/4 du Rhin de hauteur,
ou 2^m 22), est taillé dans un bloc de marbre noir poli; le pilier central carré est en grès
ordinaire. Les astragales tiennent aux chapiteaux qui ont un abaque ou tailloir commun.
L'ensemble est sculpté dans un bloc de grès fin de 1 pied 10 pouces 1/2 du Rhin de hauteur, ou 0^m 58. L'ornementation en est dorée et bien conservée, d'une belle composition et
d'une exécution pleine de goût. Elle se détache en relief de son fond blanchâtre et semble
être exécutée en bronze doré. Au-dessus de ces chapiteaux s'élèvent quatre arcs-doubleaux
et autant de nervures dentelées dans le style arabe, qui aboutissent aux angles de la chapelle
où ils retombent sur des colonnes décorées également de chapiteaux variés. L'ensemble,
d'une magnificence princière, prouve que l'artiste avait beaucoup de génie. L'époque de son
exécution, à en juger par le style, car les documents écrits manquent totalement, serait
encore le douzième siècle, époque à laquelle les landgraves de Thuringe habitèrent avec leur
cour brillante ce château commencé en 1062 par leur ancêtre Louis-le-Salique. Fig. *b*, *c*,
représentent les chapiteaux du côté gauche de la porte à fronton de l'ouest de l'église Saint-
Jean-de-Gmuend, en Souabe. Les chapiteaux, d'une composition si simple, et toute l'ornementation, en général, de cette église vénérable par son antiquité, forment un contraste
frappant avec le luxe et la magnificence architecturales des premiers Hohenstaufen. La
tradition rapporte que l'église de Saint-Jean-de-Gmuend, en Souabe, bâtie dans une forêt
obscure, avant l'existence de la ville, était un lieu de pèlerinage, ce qui prouve que jusqu'à
l'époque de la réformation et de la suppression des couvents du Wurtemberg, les Bénédictins de Lorch ont administré et desservi cette église. Son style est semblable à celui
du couvent des Écossais de Ratisbonne. L'auteur fournira par conséquent encore d'autres
preuves de l'âge de cette église, qui, sans aucun doute, a été élevée pendant le ix* ou le
x* siècle.

d. L'aigle des Hohenstaufen, placée dans le fronton de couronnement d'une porte située
à la droite de la façade à pignon, vers l'occident. Cette aigle a la même forme que celle
trouvée par l'auteur sur un chapiteau du château de Nuremberg, et qui est également de
l'époque des Hohenstaufen. Voyez l'ouvrage intitulé : *Le petit byzantin de Heideloff*.
Nuremberg, 1837, Pl. 36.

PLANCHE VI.

Fig. *a*. Ornement en relief, encastré aujourd'hui (1836) sur la paroi extérieure et à
l'est du mur de l'église du cimetière de Mersebourg. Ce charmant travail rappelle au premier
coup d'œil les beaux acrotères et antifixes antiques. Mais, après un examen léger, les
détails en relief de 2 pouces 1/3 du Rhin, ou 0ᵐ 059, sur le fond, vous montrent aussitôt
l'ornementation mâle du xiii siècle. Cet ornement de 4 pieds 5 pouces, ou 1ᵐ 38, de largeur sur 3 pieds 2 pouces 1/4, ou 1ᵐ 00, de hauteur, est exécuté avec beaucoup d'habileté
en grès d'une teinte grise; on y a ménagé d'une manière heureuse les ombres et les clairs. Il
a sans doute servi autrefois de couronnement de porte d'un monument détruit aujourd'hui.

La figure *f* de la planche première de la troisième livraison offre un fragment pareil,
tiré de l'église de Murrhard, d'une date plus reculée et d'un travail moins en relief.

b. Chapiteau de Notre-Dame de Paris, de l'époque de la plus ancienne restauration de
cette église, faite probablement sous l'épiscopat de Maurice de Sully, en 1161. Ce chapiteau est remarquable à cause des réminiscences antiques du style corinthien. Sa composition est harmonieuse, seulement elle manque de relief, d'autant plus qu'elle est recou-
verte d'un badigeon épais qui en ôte les finesses. Le dessin de ce beau chapiteau nous fut
donné à Paris, en 1826, par notre cousin Alfred Heideloff, que nous avons eu le malheur
d'y perdre dans la même année.

STYLE GERMANIQUE (GOTHIQUE).

PLANCHE VII.

Fig. *a*. Partie du couronnement d'un poêle à carreaux vernissé, de couleur verte, du
couvent des Frères Prêcheurs de Nuremberg, découvert en 1842 pendant la restauration
des bâtiments claustraux.

Anciennement, l'on fabriquait les plus beaux poêles à Nuremberg. Ils étaient en
terre cuite, vernissés de couleurs diverses et rehaussés d'or. Il y en a qui datent de la
renaissance et du style à ogive. Nuremberg se distingua par ses terres cuites; ses artistes
dans ce genre d'industrie sont célèbres : on cite parmi eux les Glockenthon, les Prunner,
les Renz, les Proebes, les Leygebe et, plus tard, André Leupold, qui s'occupaient
d'ouvrages en poterie, et qui se distinguèrent surtout dans la fabrication des poêles.

Il est fâcheux qu'il n'existe plus qu'un petit nombre de ces ouvrages. Ce qui n'aura pas
été détruit par l'insouciance et la mode a sans doute été brocanté et vendu à l'étranger. Afin
de conserver ce que nous avons pu en découvrir dans ce genre, nous avons acheté de plusieurs particuliers bon nombre de cette espèce de poêles pour les placer dans le château royal

de Nuremberg et dans celui de Cobourg, appartenant aux ducs de Saxe-Cobourg et Saxe-
Meiningen, grands amateurs d'antiquités. Dans la salle dite Rosenzimmer du dernier de
ces châteaux nous avons fait monter un des plus beaux ouvrages de Glockenthon. Nous
en avons fait poser un autre dans le château de Hohenlandsberg, près Meiningen. Le couronnement reproduit dans notre septième planche, figure *a.*, a 6 pouces, ou 0^m 151 de
largeur, et 17 pouces 1/2, ou 0^m 453, de hauteur ; sa profondeur est de 2 pouces, ou
0^m 052. La figure *b.* représente la niche, et *c.* la coupe.

Deux des potiers les plus habiles de Nuremberg, Gruber et Mezger, ont imité, à notre
sollicitation, plusieurs de ces anciens poêles, imitation qui ne laisse rien à désirer. Gruber
a fourni des poêles ornés des armes de Wurtemberg pour le château de Lichtenstein, appartenant au prince Guillaume de Wurtemberg, et dont l'exécution est parfaite. Il se pro-
pose d'imiter le modèle que nous livrons dans cette planche.

d. Feuille rampante de l'abbaye de Saint-Remi de Reims, prise au portail donnant sur
le jardin, et datant de 1480, dessiné d'après nature par l'auteur en 1826.

e. Feuille rampante de l'église de Saint-Julien de Heilbron, sur le Necker, et de la
même époque.

<h3 style="text-align:center">PLANCHE VIII.</h3>

Fig. *a* jusqu'à *o.* Panneaux en bois du plafond du réfectoire d'été du presbytère de Saint-
Laurent à Nuremberg. Ces panneaux se trouvent à l'extrémité des solives. On restaure
en ce moment ce curieux presbytère, ce qui causera malheureusement la destruction de
plus d'un objet curieux ; on aurait même détruit ces panneaux, la belle porte et ses cham-
branles, etc., etc., si des ordres formels du roi de Bavière n'étaient pas venus arrêter cette
destruction. La charpente de ce plafond est d'un beau travail et d'une bonne conservation.
On y trouve des traces d'anciennes peintures. Les dessins des feuilles sept et huit furent
exécutés par notre élève M. Edmond Beischlag, qui nous donnera encore plusieurs autres
dessins pour la sixième livraison, et entre autres un motif de Veit Stoss, de l'année 1488,
destiné pour la châsse de Saint-Sébalde, probablement en concurrence avec Pierre Vischer.
Le motif eût été fort beau s'il avait été exécuté.

<h1 style="text-align:center">SIXIÈME LIVRAISON.</h1>

<h2 style="text-align:center">STYLE BYZANTIN.</h2>

<h3 style="text-align:center">PLANCHE PREMIÈRE.</h3>

Fig. *a.* Vue de la façade du pignon du *Domus principalis,* aujourd'hui la Monnaie, situé
auprès de la grosse tour du remarquable et antique château impérial de Saalbourg (castellum

Selze, Salzbourg), dans l'ancien Salzgau (Salageve), au delà de Neustadt, sur la Saale de Franconie, dans l'ancien évêché de Wurzbourg, royaume de Bavière.

Ce château impérial, construit entièrement dans le style byzantin, et dont il ne reste que des parties en ruines, surpasse, sous le rapport historique et architectural, tous les autres châteaux-forts de l'Allemagne, en n'en exceptant pas même l'antique Wartbourg.

Il importe d'observer que, sous le rapport historique, ce château-fort a été un *Palatium regium* des rois Francs, et que le roi Pharamond y octroya, en 420, en présence des quatre princes des provinces de Salageve, de Bodogeve, de Windogeve et de Virogeve, la célèbre loi salique ; que Charles Martel, mort en 741, grand-père de Charlemagne, y demeura fréquemment, et qu'il nommait habituellement ce château-fort son palais de Selz, Selze, Sels. L'empereur Charles y célébra les fêtes de Pâques en l'année 768, après la victoire remportée, encore du vivant de son père Pépin, sur le duc Waifar d'Aquitaine. L'histoire rapporte encore beaucoup de faits mémorables qui se sont passés dans ce château-fort : elle nomme aussi une foule d'empereurs qui l'habitèrent souvent et long-temps.

Saint Boniface lui-même, l'apôtre de l'Allemagne, vint souvent à Saalbourg (1), en 741, par exemple ; il y tint plusieurs synodes, consacra même la chapelle castrale de ce lieu et sacra les évêques Burkhard de Wurzbourg, Waltam de Burabourg (dans la Hesse) et Willibald de Eichstaedt.

Le plus long séjour de Charlemagne au château de Saalbourg, tomba dans les années 780 et 790. Il y passa plusieurs hivers et plusieurs automnes et s'occupait de la chasse. C'est là que l'empereur reçut l'évêque Jessé d'Amiens, et le comte Helingaudus, ainsi que les ambassadeurs de l'empereur grec Nicéphore, l'évêque Michel, l'abbé Pierre et le secrétaire Calliste.

Fortunat, patriarche de Garde (Patriarcha Gradensis, c'est-à-dire d'Istrie, de Venise, etc.), vint aussi vers cette époque à Salzbourg, afin d'implorer le secours de l'empereur contre les ducs de Venise, Jean et Mauritien. Il accompagna sa requête de riches présents, d'objets précieux et de reliques d'une quantité de saints, que Charlemagne fit transporter à son dôme d'Aix-la-Chapelle. C'est encore au château de Salzbourg que l'empereur fit la paix en 803 avec les Saxons, après leur avoir fait la guerre pendant trente-trois ans.

C'est pendant cette même année encore qu'il publia dans ce château les additions à la loi salique, appelées *Capitularia Caroli Magni,* après avoir consulté beaucoup de seigneurs ecclésiastiques et séculiers.

Dans l'automne de l'année 826, Louis-le-Pieux, fils de Charlemagne, arriva au château

(1) Huit ans auparavant il fut nommé évêque par le pape Grégoire III, et reçut la mission de prêcher l'Évangile aux Germains.

de Saalbourg avec une suite nombreuse. Il se divertit à la chasse dans les grandes forêts du voisinage. Après avoir forcé son fils Louis de Bavière à faire la paix en 833, il revint encore une fois au château de Saalbourg, où il fut reçu par sa femme Judith, et où il admit en sa présence l'ambassadeur de Naples.

En 841, après la bataille de Fontenay, Louis-le-Germanique séjourna pendant quelque temps au château de Saalbourg, d'où il se rendit en Souabe; l'année suivante il revint encore à son château de Saalbourg, et il y tint une diète impériale.

De l'année 877 à 878, le roi Louis III habita Saalbourg. En 887, l'empereur Arnulphe y arriva : il y reçut les envoyés des Sorbes, qui lui offrirent des présents et qui se soumirent. En 940, l'empereur Othon Ier octroya à Saalbourg plusieurs donations à l'évêché de Freisingen.

C'est ainsi que ce célèbre château impérial fut occupé constamment par les empereurs et les rois d'Allemagne et de la maison de Franconie, jusqu'à ce que l'empereur Henri-l'Oiseleur fonda des villes, que les souverains ses successeurs trouvèrent plus commodes et plus sûres. L'antique château de Salz fut peu à peu abandonné, et remis enfin, avec tout son territoire, à l'évêché de Wurzbourg.

L'empereur Othon III, qui affectionnait ce château d'une manière toute particulière, qu'il n'appelait que *son* château et que *sa* résidence, fit hommage à son beau-frère Ezzon de Lorraine, de plusieurs des domaines appartenant à ce château; il y comprit même la ville d'Obersalga (aujourd'hui Neustadt, sur la Saale). Cédant enfin, en l'an 1000, aux prières d'Héribert, archevêque de Cologne, de Henri, évêque de Wurzbourg, des deux frères et comtes de Rottenbourg, ensuite du duc Bernard de Saxe, il donna Obersaal (Neustadt), avec toutes ses dépendances, à l'évêque Henri de Wurzbourg à cause de ses grands mérites et pour le salut de son père, de sa mère, l'impératrice douairière Théophanie, en en exceptant toutefois le château de Saalbourg; car les empereurs le conservèrent encore long-temps pour y garder un pied à terre.

Henri II et Conrad II habitèrent aussi souvent ce château, et en dotèrent richement la chapelle de saint Boniface. Ce monument remarquable devint par l'évêque Adalbert, comte de Laimbach et de Scherdingen, prédécesseur de saint Bruno, propriété de l'archevêché de Wurzbourg, sous l'administration de Gebfredus, comte de Henneberg. Les évêques ses successeurs emportèrent avec l'autel de saint Boniface les plus beaux ornements du château et de sa chapelle, qu'ils firent transporter à leur résidence de Marienberg, près de Wurzbourg. Dès cet instant, le château et l'église furent administrés par des intendants, dont est descendue la famille des baillis de Salzbourg. Le magnifique château de Salzbourg a appartenu à plusieurs gentilshommes, soit par vente, soit par échange, jusqu'en 1586. Il fut détruit par un incendie le 18 août; à la suite de cet événement il devint, avec ses dépendances, la propriété des comtes de Reuss, de la branche cadette, qui en firent l'acquisition. Le château et la chapelle de saint Boniface ont considérablement souffert par les flammes.

Plus tard encore le château eut plusieurs propriétaires divers. Les baillis de Salzbourg vendirent leur part en 1796 au baron de Lochner-Huettenbach. Celui-ci le revendit au comte de Harxthausen, qui est malheureusement mort depuis, et qui habitait sa campagne de Neuhauss, située au pied de la montagne. Cet homme, animé d'un sentiment profond et patriotique pour les beaux-arts de son pays, avait l'intention de faire de grands sacrifices pour la conservation de cette ruine importante, et, à cet effet, il vint voir l'auteur pendant l'automne de l'année 1842, afin de s'entendre avec lui sur la restauration du château dont nous donnons dans cette planche la vue de la façade à pignon.

Les belles ruines de cet ancien château impérial, imposantes même dans leur état d'anéantissement, sont situées sur le penchant d'une montagne plantée de vignes et au sud de la Saale. Au pied de la montagne se trouve la petite ville de Neustadt (Ober-Saal), d'où l'on peut gravir commodément la hauteur qui la couronne.

Dans le lointain déjà ce château produit un coup d'œil imposant par ses colossales murailles et ses grosses tours ; mais l'intérêt augmente puissamment lorsqu'on arrive au pied du monument même, dont la construction antique semble sortir et s'élever du sein de la terre. Au milieu de cette architecture byzantine, la grande porte d'entrée produit surtout une forte impression sur le spectateur à cause de sa forme fantastique et pittoresque. En entrant par cette porte dans l'intérieur du château, on aperçoit aussitôt la partie que nous donnons dans cette planche. Cette partie constitue, à proprement dire, le *Domus principalis*, les appartements d'honneur (nommé dans le pays la Monnaie). Ce bâtiment, le plus beau de tous ceux que contient le château, attire une attention particulière. Construit en grès verdâtre et d'une belle qualité, il doit à son exposition orientale sa belle conservation ; l'ornementation même offre encore toute sa pureté et son expression primitives. L'architecture et ses détails se détachent vigoureusement sur le ciel, ce qui produit un effet des plus pittoresques.

La fenêtre que nous donnons dans cette planche est composée de deux divisions principales. Chacune d'elles est subdivisée en deux baies, couronnées d'une corniche, dont la gorge est enrichie d'un ornement courant, composé de feuilles de lierre. Trois colonnes forment cette subdivision. Elles sont soutenues par trois consoles engagées et ornées de feuillages, qui complètent cet ensemble d'un goût parfait.

Les trois ouvertures couronnées d'ogives, ornées de moulures fort simples et en retraite, sont formées par deux colonnes isolées adossées contre un montant de peu d'épaisseur.

Les chapiteaux de ces colonnes n'ont point de tailloir ; ils sont variés, et chaque motif est aussi beau qu'original. Les rosaces à jour, placées dans le haut sur l'axe des colonnes, sont également dans le style byzantin.

A une composition ingénieuse et agréable tous les ornements joignent encore l'exécution la plus ferme et la plus durable. Ils sont certainement capables d'inspirer de nouveaux motifs à un architecte de goût et de génie.

Ce beau château a attiré à tel point l'intérêt du roi de Bavière qu'en 1842 on commença déjà à le restaurer : on débuta par faire des dispositions pour la reconstruction de la chapelle de Saint-Boniface. A cette cérémonie solennelle assistèrent les évêques de Wurzbourg et de Fulde.

Nous nous proposons de publier dans plusieurs livraisons quelques vues de ces magnifiques ruines dans leur état de restauration (1).

PLANCHE II.

Fig. *a*, *b*, *c*, *d*, *e*, *f*. Chapiteaux représentés dans la planche précédente, mais sur une plus grande échelle. On voit par ce style et surtout par les ogives que ces constructions et particulièrement la porte appartiennent au IXe siècle, qu'elles ont été élevées pendant le règne de Charlemagne, et que dans la suite le souvenir de leur puissant fondateur a fortement contribué à leur conservation, jusqu'à ce qu'enfin le feu vint les détruire.

Nous devons la communication de ces notes et de ces deux dessins à la bonté de M. George Eberlein, notre élève, qui a séjourné quelque temps à Hohenlandsberg près Meiningen, d'où il fit quelques excursions, qui eurent pour résultat, entre autres, la restitution des ruines du château de Saalbourg. Il recueillit en outre encore bon nombre de documents et de dessins curieux sur ces contrées classiques et historiques.

Dans les livraisons suivantes il sera publié des renseignements curieux sur ce château et les constructions qui le composent, et nous comptons donner des considérations su. l'esprit et le caractère du style byzantin-germanique du règne de Charlemagne, jusqu'à l'origine du style allemand, appelé gothique.

STYLE GERMANIQUE (GOTHIQUE).

PLANCHE III.

Fig. *a*. Le magnifique tombeau de saint Sébalde (c'est ainsi qu'on nommait ce tombeau à la fin du XVe siècle), copié d'après un dessin sur parchemin de Veit Stoss, et de 5 pieds ou 1^m56 de hauteur. Ce dessin appartient actuellement à l'auteur. Il offre un

---

(1) On peut encore consulter sur le château de Salzbourg l'Atlas de Bavière publié par le professeur Hohn. Nuremberg. Dans le cahier qui contient la Franconie inférieure, pag. 216, on trouvera sur lui des notions historiques fort curieuses.

document curieux pour la biographie de Pierre Vischer, comme artiste, et pour sa participation comme tel à la composition et à l'exécution du tombeau de saint Sébalde.

Les différents styles et caractères qu'on remarque dans les œuvres de Pierre Vischer et dans ses ouvrages en bronze ont induit des artistes et des critiques en erreur; on lui a attribué une quantité de créations qui ne lui appartiennent pas. Mais aussi on lui en a contesté beaucoup qui portent d'une manière certaine son nom ou son chiffre. Malgré qu'on ait beaucoup écrit et beaucoup disputé sur ce sujet, il n'est pas à notre connaissance qu'aucun des partis ait réussi à embrasser ce sujet sous son véritable point de vue. Nous nous permettrons donc d'exposer nos propres motifs, que nous basons sur l'histoire, sur l'expérience et sur notre propre critique, motifs qui, nous l'espérons, lèveront tous les doutes et qui accorderont entre eux tous les partis.

Comme Pierre Vischer n'a eu que cinq fils connus, dont Hermann, Jean, Paul et Jacob seuls ont travaillé avec lui dans son atelier, il est facile de comprendre que dans leurs ouvrages il règne un génie et un style différents, quoique ce génie et ce style différassent peu entre eux. Mais cette circonstance est insuffisante, et il faut considérer encore que du temps de Pierre Vischer, ainsi que dans le nôtre aujourd'hui, on employait dans les fonderies des modèles en bois, et que la sculpture sur bois formait une branche d'art particulière. Mais Pierre Vischer n'était pas lui-même un artiste sculptant le bois, il ne modelait qu'en cire; pour de grands sujets qui ne pouvaient pas être modelés en cire, et pour lesquels on ne peut employer que des modèles en bois, on avait besoin d'un sculpteur très-habile dans l'art de sculpter le bois. On se demande à quel autre artiste célèbre de ses contemporains que Veit Stoss, il aurait pu s'adresser, Veit Stoss qui n'était pas seulement un excellent peintre et dessinateur, mais aussi un architecte et un statuaire distingué, qui avait alors l'atelier le plus considérable de Nuremberg, d'où sortirent les plus excellentes sculptures en bois, telles que autels, rétables, chapiteaux, stalles, statues de saints, candélabres, etc., envoyés en tous lieux à la ronde. Nous reconnûmes de suite, lors d'une visite que nous fîmes à Magdebourg en 1825, le génie et le style de Veit Stoss dans le magnifique tombeau de l'archevêque Ernest de Magdebourg, qui se trouve dans le dôme de cette ville, et que Pierre Vischer avait fondu en l'année 1497.

Le tombeau du comte Hermann VIII et de sa femme Élisabeth, fille du margrave Albert-Achille de Brandebourg, placé dans l'ancienne église collégiale de Roemhild, ensuite le tombeau du comte Othon IV de Henneberg, dans la même église, sont des ouvrages sortis des fonderies de Pierre Vischer. Lorsque nous les visitâmes en 1828, nous reconnûmes immédiatement dans ces fontes, le génie et le style de Veit Stoss, et d'une manière d'autant plus certaine que les attributs des évangélistes avaient précisément les mêmes dimensions que ceux du monument de Magdebourg, cité plus haut, et qu'ils semblaient avoir été coulés sur le même modèle. Les deux monuments ont de plus les mêmes motifs, quoique celui du dôme de Magdebourg offre plus de richesse, et que la figure de l'évêque soit en ronde bosse et représentée couronnée d'un baldaquin (appelé tabernacle du temps de Pierre Vischer), tandis que les figures du comte Hermann et de sa femme ne sont exécutées qu'en bas-relief.

Ces monuments, vrais trésors d'art, sont restés inconnus jusqu'à présent, parce que Roemhild n'est point fréquenté ni par des artistes ni par des critiques. Nous les signalons comme les œuvres de Pierre Vischer au public qui s'intéresse aux arts, et qui recevra, nous l'espérons, notre communication avec une juste reconnaissance.

Les fonts baptismaux du dôme de Wittenberg et plusieurs autres ouvrages du même genre ont été fondus sur des modèles de Veit Stoss ; c'est ce que prouvent tous les détails des moulures, les feuilles rampantes, les fleurs, etc. Il ne faut pas croire qu'on veuille rabaisser la célèbre famille d'artistes de P. Vischer, dont le talent comme modeleur et comme fondeur est incontestablement établi. Mais, comme nous l'avons dit plus haut, ce n'est que lorsqu'il est question de modèles qui ne pouvaient être exécutés qu'en bois que nous voyons paraître partout la conception et l'exécution de Veit Stoss ; il est prouvé que ces modèles, ainsi que beaucoup d'autres qui ont servi aux ouvrages de fonte de Vischer, sont de Veit Stoss, parce, que pendant l'époque si riche en créations d'objets d'art de Pierre Vischer, il n'y avait pas d'autre statuaire ni d'autre modeleur distingué à Nuremberg, et que Vischer se sera adressé à coup sûr au maître le plus renommé de la ville. C'est ainsi, par exemple, que la belle statue du comte Othon IV a été sculptée en bois par Veit Stoss et fondue et ciselée par Pierre Vischer.

Mais la riche décoration entrelacée et si variée du tombeau de saint Sébalde, les petites figures, les chapiteaux, les bas-reliefs, les candélabres, ensuite les apôtres, tout cela est de Vischer ou de son fils aîné Hermann, qui, dit-on, surpassait de beaucoup son père en talent. Tous ces accessoires ont été modelés en cire ; cela est certain, parce qu'ils ne portent pas trace de ciselure. Il en est de même du bas-relief de l'évêque Antoine Kress, mort en 1513, qui est un vrai chef-d'œuvre ; du beau monument de M. Tucher, dans l'ancienne paroisse de Saint-Ulrich à Ratisbonne, et du magnifique tombeau de Gautier de Cronberg, grand-maître de l'ordre des chevaliers teutoniques, successeur d'Albert de Brandebourg, tombeau qui se trouvait autrefois dans la chapelle de l'ordre à Mergentheim, et commandé dans le style de l'époque à Pierre Vischer, du vivant du grand-maître. Nous découvrîmes ce charmant monument dans l'île dite de la chapelle à Monrepos, près Ludwigsburg. Il avait été placé en plein air. Ce tombeau doit être apporté à Stuttgart, et placé dans un musée (1).

____

(1) Beaucoup d'autres ouvrages renommés sont encore sortis des ateliers de Pierre Vischer de Nuremberg, le monument de l'évêque Jean, dans le dôme de Breslau, par exemple, celui de l'électeur Joachim, à

Veit Stoss était plus connu de ses contemporains que Pierre Vischer; car ses ouvrages étaient connus et recherchés dans toute la chrétienté. Les beaux autels qu'il exécutait n'avaient pas leurs pareils. Ses meilleurs ouvrages, qui se trouvaient à Nuremberg dans l'église Sainte-Marie, dans celles des Augustins et des Carmélites, n'existent malheureusment plus. Mais son magnifique devant d'autel à Schwabach, un christ de l'ancienne ville impériale de Rottweil dans le royaume de Wurtemberg, son beau christ de l'église de Saint-Sébalde de Nuremberg, sa madone dans l'académie de cette ville, son chapelet de la chapelle du château de Nuremberg, sont encore existants comme de vénérables témoins de l'art ancien. Un sort fatal poursuivit sa Salutation angélique, placée dans le chœur de l'église de Saint-Laurent à Nuremberg, et qui tomba en morceaux il y a plusieurs années. Cet ouvrage fut réparé d'après notre conseil par M. Rottermund, statuaire.

L'adresse et le talent de Veit Stoss ne purent échapper au célèbre Sébalde Schreier. Il fit faire par le célèbre artiste des dessins pour un tombeau projeté pour les exécuter ensuite en bronze. Un dessin de la main de Veit Sotss se trouve, comme nous l'avons dit plus haut, dans la possession de l'auteur.

Mais comme, d'après le projet de Veit Stoss, l'élévation du monument eût été de près de soixante pieds, et nous en donnerons des détails dans les livraisons suivantes, qu'en outre, par sa grande complication, il serait revenu trop cher, on conserva à la vérité la composition de la partie inférieure du tombeau, et Vischer la décora dans le style de la renaissance, nommé aussi style italien, et qui, vers cette époque, remplaça le vénérable style germanique ou gothique. Mais le sommet, si délicieusement composé par Veit Stoss, tel qu'on le voit dans ses dessins, ne réussit pas à Pierre Vischer. Car le couronnement du tombeau de saint Sébalde est la partie la moins bien conçue de cette œuvre célèbre. Ce couronnement (tabernacle) ne signifie et ne dit rien, et prouve que Vischer était étranger à l'architecture du style à ogive.

Il résulte de tout ce que nous venons de dire que les Vischer ne pouvaient pas faire eux-mêmes leurs modèles en bois. On ne peut par conséquent leur attribuer ni la composition, ni le dessin, ni le modelage. L'ensemble de l'idée sortit de la tête du sculpteur, qui n'était autre, dans les différents cas et pour les ouvrages les plus importants que nous venons de citer, que Veit Stoss. C'est ce qui eut également lieu pour les fondeurs des fameuses statues colossales en bronze du mausolée de l'empereur Maximilien 1er de l'église Sainte-Croix d'Inspruck, nommés Étienne et Melchior Godl et François Lendenstreich ou Lendenstrauch. Les mêmes circonstances se présentèrent aussi pour Pierre Loeffler, appelé Layminger, qui,

Berlin ; les tombeaux des deux électeurs de Saxe, Frédéric le Sage et Jean le Constant, dans l'église castrale de Wittenberg; celui de l'électeur Albert de Mayence, à Aschaffenbourg, et beaucoup d'autres à Bamberg, à Wurzbourg, Eichstaedt, à Ellwangen, etc.

ainsi que ses fils, n'étaient que fondeurs de détail et fondeurs de cloches, et qu'on a pris faussement pour les fondeurs du monument de Maximilien (1).

Mais il est certain que les Vischer resteront infiniment supérieurs aux fondeurs que nous venons de nommer, ainsi que le prouvent les ornements, les apôtres et même les petites figures du tombeau de saint Sébalde, ainsi que le prouvent encore leurs autres ouvrages, qui certifient qu'ils étaient d'habiles modeleurs en cire et fondeurs en métaux.

On doit encore remarquer dans le dessin de Veit Stoss, pour le tombeau de saint Sébalde, trois bas-reliefs d'une grande beauté :

1° Celui qui représente saint Sébalde allant à Rome et rencontrant saint Willibald et saint Wunibald, qu'il admet dans sa société;

2° Celui qui représente saint Sébalde et ses compagnons de voyage égarés dans une montagne déserte, accablés de faim et de fatigues, et comment il console sa compagnie après avoir fait une prière à la suite de laquelle un ange leur apporte des vivres;

3° Celui qui représente saint Sébalde à table avec saint Willibald et saint Wunibald.

Dans le dessin, les apôtres sont représentés sans attributs, circonstance fréquente à cette époque; peut-être V. Stoss ne voulut-il pas déterminer la hiérarchie des apôtres d'une manière formelle, n'indiquer que vaguement ou hypothétiquement leur ordre.

Les groupes d'enfants et d'animaux placés sur le sommet du soubassement ont une signification symbolique : les petits chiens, par exemple, occupés à jouer, signifient ici la fidélité réciproque; la lutte avec le dragon, le combat du bon avec le mauvais principe, le combat du christianisme avec ses adversaires; le petit garçon cherchant à s'asseoir sur une boule, mais qui semble en être empêché par un chien qui le caresse, représente l'homme qui se laisse détourner de son vrai bonheur par les sens et la flatterie. Tous ces détails, aussi bien que l'ensemble général, sont dessinés d'une manière ravissante dans le style germanique du xv° siècle. L'exécution de ce dessin serait devenue un chef-d'œuvre inestimable, comme on pourra le voir par les quatre planches qui paraîtront dans les livraisons suivantes.

PLANCHE IV.

Fig. *a*. Chapiteau curieux, trouvé en 1841 dans les ruines de Hohen-Urach, l'ancienne Fürstenburg, du temps du comte Louis de Wurtemberg ou de son fils, Évrard-le-Barbu, premier duc de Wurtemberg.

Hohen-Urach, ce majestueux château-fort des comtes de Hohen-Urach, fut acheté par le Wurtemberg en 1265. Il tomba en partage en 1442 au comte Louis, qui y fit faire beaucoup

(1) On est presque tenté d'attribuer les modèles de ces belles figures à Veit Stoss; car, si l'on compare leur caractère avec celui de la statue d'Othon IV de Henneberg, dans l'église de Rœmhild, on sera étonné de la similitude de style qui existe entre eux.

de constructions et y fixa son siége. Le comte Évrard-le-Barbu choisit dans la suite Hohen-Urach pour son séjour favori; il était né dans ce château ; on était venu l'y chercher en grande pompe pour le baptiser dans l'église collégiale de Saint-Amand de la ville d'Urach, située au pied de la montagne sur laquelle est bâti le château. C'est de Hohen-Urach qu'il donna dans la suite plusieurs ordonnances pour le bien de son pays; il embellit encore la ville et le château et y célébra magnifiquement son mariage. C'est dans ce château qu'il conçut l'idée de fonder une université à Tubingue.

Ce château, si célèbre dans l'histoire, est maintenant en ruines. Cet état est dû aux hommes et non au temps. Dans le xviii° siècle il était encore debout et intact. Il fut enfin abattu, et les matériaux employés à bâtir le pavillon de chasse de Grafeneck et les écuries de Rutschenhof. Les ruines de Hohen-Urach sont encore imposantes, et le comte de Mandelslohe, de l'administration des forêts, a eu le mérite de s'intéresser à la conservation des vestiges de ce vieux château ducal, pendant les années 1839 et 1841.

L'auteur de ce recueil a visité ces ruines en 1810. Il y trouva encore beaucoup d'ornements dans les débris de maçonnerie jetés à terre. Il fut agréablement surpris de trouver le château de Hohen-Urach déblayé et accessible lorsqu'il le visita trente années plus tard, en accompagnant avec le comte de Mandelslohe le prince Guillaume de Wurtemberg, amateur éclairé des arts.

L'original de ce chapiteau, que M. Eberlein a dessiné, se trouve actuellement dans les bureaux de l'administration des forêts d'Urach. Ce chapiteau est taillé à jour dans une pierre blanche et dure; la composition en est belle, les reliefs en sont dorés, ce qui prouve qu'on préféra habiter plutôt le château que la ville; car cette dernière est presque entièrement bâtie en bois et sans ornements aucuns : il est probable que ce chapiteau appartenait à la salle de cérémonie ou d'honneur ou à la chapelle de ce château.

Les arts furent accueillis au moyen âge dans les châteaux et les châteaux-forts avec autant d'amour que dans les cloîtres et dans les villes impériales; c'est ce que prouve la Saalbourg, le château de Nuremberg, de Hohentubingue, d'Ambras, de Carlstein, de la Warthourg et beaucoup d'autres. Dans la plupart des châteaux des gentilshommes on trouve le contraire, quoique leurs propriétaires fussent très-riches.

Les figures *b* et *c* appartiennent plutôt au style byzantin. La seconde, *c*, qui n'existe plus, est tirée du château des ducs de Wurtemberg. (Voyez la cinquième livraison, pl. III. fig *d.*, de cet ouvrage.) La première représente le combat du lion avec le dragon, et se trouvait placée au dessus de la chapelle à l'occident. La rosace était incrustée au-dessous de l'escalier principal en bois, qui conduisait aux salles d'honneur. Ces deux fragments, à en juger par leur style et leur travail, sont plus anciens que ne le fait connaître l'inscription. Il faut donc les placer bien antérieurement au x° siècle, ce qui prouverait aussi l'antiquité de la maison de Wurtemberg.

d. Frise courante de l'année 1480, tirée du passage de la chapelle Saint-Nicolas dans l'église cathédrale d'Aix-la-Chapelle, du temps du landgrave Hermann de Hesse, archevêque de Cologne, doyen d'Aix-la-Chapelle et de Saint-Géréon de Cologne. Ce curieux ornement est complétement dans le même style que le chapiteau d'Urach, dont nous avons donné plus haut la description. Il a été dessiné par l'auteur, sur place, le 26 septembre 1826.

<h2 style="text-align:center">PLANCHE V.</h2>

Bas-relief ornant le tympan au-dessus de la petite porte d'une tour dite de la chapelle de Notre-Dame, actuellement paroisse succursale et église du Gymnase de Rottweil, dans le cercle de la Forêt-Noire, royaume de Wurtemberg. Ce beau bas-relief, représentant un chevalier et sa fiancée, est donné ici tel qu'il a été restauré; car il était fortement mutilé eu quelques endroits. Il est d'une belle conception. La composition nous a tant plu que nous nous sommes proposé de la donner dans ce recueil sur une échelle plus grande. Afin que cette œuvre d'art soit reproduite dignement, M. Frédéric Wagner, notre ami, a été chargé de la gravure (1).

L'église auprès de laquelle se trouve cette tour remarquable a été commencée en 1364 et terminée en 1473, ainsi que le prouvent les dates inscrites sur une pierre du monument. Elle appartint aux jésuites pendant un certain temps. En 1759 cette église fut restaurée par des architectes maladroits et ignorants et reçut une décoration vraiment effroyable et baroque. Mais c'est surtout en 1820 et 1836 qu'elle fut le plus cruellement mutilée, et de telle sorte que tous les habitants de la ville de Rottweil manifestèrent le désir de voir restaurer cette église entièrement dans le style germanique pur, et de plus par l'auteur, qui restaura effectivement l'église Sainte-Croix de Rottweil dans ce style, depuis 1839 jusqu'en 1842 (2).

D'après le désir de M. Teufel, maire de la ville de Rottweil et député à la Diète, amateur éclairé des beaux-arts, l'auteur a déjà entrepris le dessin de la tour en y indiquant toutes les parties à restaurer. Ce dessin a quinze pieds, ou $4^m 70$, de longueur. Cette tour de Sainte-Croix est un vrai ornement pour la ville et d'autant plus précieux que Rottweil a vu se perdre dans le cours des siècles la plupart et les plus belles de ses tours, genre de monuments qui donnent à toutes les villes anciennes un aspect vénérable.

Fig. *b.* Frise courante tirée du portail principal de la même tour donnant sur le grand marché. Ce portail est fort riche en beaux motifs.

(1) Cet artiste est actuellement occupé de la gravure du plus beau tableau d'Albert Durer, représentant un membre de la famille de Holzschuher. Beaucoup d'artistes et d'amateurs étrangers ont vu ce tableau et l'ont trouvé admirable; mais jusqu'à présent aucun artiste n'en avait entrepris la gravure.

(2) L'auteur compte publier bientôt une description de l'église de Rottweil, qui contiendra aussi des détails sur la construction, la ruine et la restauration de ce monument.

PLANCHE VI.

Fig. *a*. Ornement d'un pupitre sacré, appartenant au maître-autel de l'église paroissiale de Notre-Dame à Pappenheim. Cet ornement curieux, sculpté en bois, appartenait autrefois à l'église conventuelle des Ermites-Augustins. Ce couvent, fondé en 1348 par le maréchal Henri de Pappenheim, possède encore de magnifiques stalles portant le millésime de 1496, et que nous comptons donner dans les livraisons suivantes. Il est certain que notre pupitre est de la même date. Les documents historiques publiés par Doederlein sur l'antique maison des maréchaux de Calatin et des seigneurs et comtes de Pappenheim qui en descendent, ne donnent que peu de renseignements sur l'histoire et l'état de l'architecture ainsi que sur les beaux-arts en général de cette époque reculée ; il a imité l'exemple de la plupart des auteurs de son époque, qui ne font pas mention non plus de ce sujet.

Cet ornement, exécuté en bois d'érable, a très-peu de saillie. L'ensemble en est assez bien conservé, sauf quelques cassures de la rosace centrale et à jour, qui contient l'écusson des comtes de Pappenheim. Des ornements du même genre sont placés sur les côtés du pupitre. L'ornement a 16 pouces (0^m 38) de longueur et 1 pied 3 pouces (0^m 36) de Bavière de largeur.

b. Ornement de grandeur naturelle d'une boîte à bijoux en bois d'érable, d'un travail très-délicat et ornée de marqueterie. Le fond de cet ornement est en bleu de roi. Cette petite boîte a 11 pouces (0^m 26) de longueur sur 6 pouces (0^m 14) de Bavière de largeur. Elle servait sans doute à conserver les insignes de l'ordre du Cygne, à en juger par un vieux tableau qui se trouvait dans le couvent et qui représente l'adoration des rois Mages. Un d'eux présente une cassette à l'enfant Jésus, qui en sort la croix de l'ordre du Cygne. A l'intérieur de cette boîte est placé une cache pour mettre les aumônes ou offrandes des chevaliers.

Cette cassette appartient actuellement à l'auteur. Elle sert aujourd'hui à conserver quelques reliques d'Albert Durer, telles que ses cartes à jouer, ses plumes à dessin et quelques pièces d'or et d'argent trouvées dans la maison de ce grand artiste lorsqu'on en entreprit la restauration.

PLANCHE VII.

Fig. *a*. Porte décorée de l'église de l'hôpital de Sainte-Catherine de l'ancienne ville impériale d'Esslingue, royaume de Wurtemberg. Cette porte est un chef-d'œuvre dû au talent du célèbre architecte Matthieu Boeblinger, qui s'est érigé lui-même un monument éternel de gloire dans l'église de Notre-Dame de cette ville. Par la destruction brutale de cette église de Sainte-Catherine et de plusieurs autres monuments remarquables du moyen âge, la ville d'Esslingue s'est fait une triste renommée dans le monde artiste. Dès les temps de la réformation, l'iconoclaste Blarer (1), stupide calviniste, ravagea l'intérieur de l'église, qui était un des beaux monuments de l'architecture germanique, curieux sous tous les rapports pour un artiste et non-seulement par l'harmonie de son extérieur, mais aussi par la richesse et l'élégance de son intérieur. Cette église formait l'encoignure de l'hôpital de Sainte-Catherine, qui n'existe plus de nos jours ; elle était située vis-à-vis de l'église principale, dédiée à saint Denis, qui avait été élevée primitivement en 1247 par les religieux et religieuses de l'ordre de Saint-Augustin en l'honneur de sainte Catherine. Lorsque cette chapelle menaçait de tomber en ruines et que l'ancienne existait déjà depuis deux cent trente-cinq ans, elle fut démolie avec la permission de l'évêque de Constance et ensuite rebâtie. On employa à sa réédification les matériaux d'une ancienne chapelle située auprès du couvent des religieuses de Sirnau. Cette réédification fut commencée en 1470, ainsi que le prouve l'inscription exécutée en caractères gothiques et placée sur un contrefort extérieur de l'église, inscription qu'on conserve aujourd'hui avec un soin religieux, car elle sert de pièce justificative à la date du monument (2).

« En l'année 1470 de la naissance du Christ, Arnold Léonard a posé la première pierre de cette maison de Dieu, par ordre de Jean Zach, premier bourgmestre, Erhard Sachs, Henri Pluenle, anciens administrateurs, et Bernard Holdermanns, trésorier (Guts Meister.) Et Boeblinger, clerc, était l'architecte de l'œuvre, Laicus d'Ueberlingen, président de la fabrique d'Ulm à cette époque (3). »

Mathieu Boeblinger, auteur de ce document historique, est l'architecte du dôme d'Ulm et de celui d'Ueberlingen, et si connu encore par ses malheurs. C'est pour cette raison

---

(1) C'est le même qui détruisit les chefs-d'œuvre d'art du dôme d'Ulm.

2) « Anno da man zaelt von Christi purt 1470, hatt Arnold Leonbard gelegt den erst stein an diesem Gotteshauss. In bevielt Hans Zach Altburgermeister. Erhart Sachs. Heinrich Pluenle all der Pleg, und Bernhart Holdermanns Guts-Meister, und Boeblinger, Schreiber, und war des Hausswerks-Meister Laicus von Uberlingen, Kirch-Meister zu Ulm dieser zeit. »

(3) La plupart des chroniqueurs ne sont pas très au clair avec leurs saints, car il y en a au moins trente qui portent le même nom de saint Vital; mais un ancien tableau, probablement un rétable, a prouvé à l'auteur que le saint Vital d'Esslingue n'était autre que le second évêque de Salzbourg, compagnon et successeur de saint Robert. Ils étaient tous deux français et missionnaires : le dernier était même guerrier et ne devint moine que sur l'invitation de son compagnon. Il voyagea en Souabe et vint à Esslingue ; il fut nommé abbé de Saint-Pierre de Salzbourg, évêque en l'année 623, et mourut en 646. Esslingue conserva la plus grande partie de ses reliques, et des miracles s'opérèrent sur son tombeau. Sa ceinture doit se trouver, actuellement, dit-on, dans le couvent de Saint-Pierre de Salzbourg, et faire des miracles pendant les accouchements douloureux. Ce saint Vital est le patron des femmes enceintes. Il fut encore patron des habitants du Pinzgau. On le représente comme chevalier, couvert d'une armure, une massue en main, parce qu'il dirigeait les missions. On le représente encore comme évêque, également avec une massue. Il se trouvait ainsi représenté au portail de l'église de Sainte-Catherine, et on le trouve encore souvent dans ce costume et avec cet attribut comme patron du diocèse de Salzbourg.

qu'il se donne le titre de Laicus (1), qui signifie qu'il n'appartenait pas à l'état ecclésiastique; car la loge était placée à cette époque sous la protection des bénédictins. Nous avons trouvé ce qui suit dans une ancienne description de la ville impériale d'Ueberlingen : « L'architecte qui éleva notre dôme est également l'architecte du dôme d'Ulm. »

Si l'extérieur de cette église offrait un aspect vénérable et plein de goût, l'intérieur ne se distinguait pas moins par un style simple et noble. On a employé dans la construction les pierres les plus fines et les plus belles. La construction et la taille de pierre en sont des chefs-d'œuvre. De là aussi la parfaite conservation de la couleur des matériaux, de la pureté de l'œuvre, qui, jusqu'à l'époque de sa destruction, paraissait sortir des mains des ouvriers. C'est ce qu'on voit surtout dans le beau portail orné, véritable ouvrage en filigrane, et qui surpassa de beaucoup par la finesse des travaux évidés le célèbre tabernacle d'Adam Kraft, dans l'église Saint-Laurent de Nuremberg. Mais ce qu'il y avait de plus remarquable dans cette porte ornée, c'étaient les couronnements si riches et si compliqués au-dessus des trois figures, placées elles-mêmes dans des niches ornées, soutenues par des consoles travaillées à jour : figures qui paraissaient modelées en cire.

Elles étaient traitées avec un tel génie qu'on aurait bien pu les mettre en parallèle des délicieuses figures d'un Adam Kraft. Sainte Catherine, comme patronne de la ville et de l'église, saint Denis et saint Vital avaient chacun une auréole ou nimbe doré. Les extrémités de leurs vêtements étaient également dorées.

Les deux vantaux de la porte étaient en chêne dur, ornés d'un encadrement de bon goût et élégant, semblable à celui de la porte remarquable du Bebenhaeuser Hof de Tubingue, et qui est encore bien conservée à sa place primitive.

Les nervures des voûtes du chœur, comme les voûtes elles-mêmes, étaient, ainsi que

(1) C'étaient d'ordinaire des clercs ecclésiastiques qui remplissaient les fonctions de secrétaires des loges maçonniques, et ce Matthieu Boeblinger doit avoir eu un talent tout particulier pour la rédaction, puisqu'il occupait la première place comme secrétaire dans la loge ; on attachait une grande importance à ce titre. Dans l'église de Fribourg il se trouve une inscription à peu près semblable, conçue en ces termes :

« L'an 1471 de la naissance de Jésus-Christ, les anciens de la fabrique ayant noms de noble Melchior Baner, Michel Mittag et Jean Heyninger, d'après l'ordre du sénat, ont commencé à bâtir le nouveau chœur de Notre-Dame, et en ce même temps Jean Tritlofer, aumônier, était secrétaire de la loge. Et on a commencé le vendredi de la Saint-Michel. Ac. ut. supra. »

M. Boeblinger a encore exécuté le beau calvaire du dôme d'Ulm. Élie Frick, prédicateur du dôme, dit en l'année 1712, que les paroles suivantes étaient écrites sur le dessin sur parchemin de ce calvaire et exécuté par Boeblinger :

« Ce calvaire a été exécuté à Ulm par Matthieu Boeblinger d'Esslingue, lequel a aussi sculpté beaucoup de pierres à cette époque (1474) ; trois ans après je fus appelé par messieurs d'Ulm pour l'édification de l'église. »

Bourghard Engelberger vint après Boeblinger à Ulm. Le calvaire fut détruit sous le gouvernement bavarois.

toutes les parois des murs, ornées de peintures sur fond blanc. Les voûtes surtout étaient décorées élégamment de figures de saints et d'arabesques. Elles produisaient un grand effet par la riche dorure et l'azur appliqués dans les gorges de leurs nervures, dans lesquelles on voyait encore, en outre, des étoiles d'or. Les niches mêmes, sous les fenêtres, étaient dorées et décorées de figures représentant la passion de Notre-Seigneur, figures dignes d'un Zeitblom. Ces figures étaient peintes à l'huile, toutes les autres étaient à fresque. Les fenêtres avaient des vitraux superbes, dont l'auteur a pu retrouver des restes. Ces vitraux ont été enlevés de l'église quelque temps avant sa destruction.

L'arc à ogive qui séparait le chœur de la nef était décoré des armes des bienfaiteurs de l'hôpital ; en voici les noms :

A DROITE :

1. Léonard Gesslin, administrateur de l'hôpital, 1508
2. Gaspard Kloker, ancien de l'hôpital ;
3. Jean-Frédéric Weinland, bailli ;
4. Jean Walter, administrateur, trésorier de l'église ;
5. Jean-Philippe Nagel, ancien de l'hôpital ;
6. Daniel Merklin, greffier à l'hôpital ;

A GAUCHE.

7. Marc Kuern, ancien de l'hôpital, 1508 ;
8. Jean Schenk, maître de l'hôpital ;
9. Evrard Marchtaler, administrateur de l'hôpital ;
10. Wolfgang Caspard, ancien de l'hôpital ;
11. Marc-Tobie Caspard, maître de l'hôpital.

Le plafond de la nef inachevée n'était que provisoire, mais pourtant exécuté élégamment en bois ; c'est ce que prouvent les pierres d'attente de la naissance de la voûte ; et, à en juger par ces dernières, cette voûte de la nef aurait été aussi riche que celle du chœur. Mais le plus bel objet de cette église était incontestablement le magnifique tabernacle, qui, ressemblant à du filigrane, était encore traité plus délicatement que la décoration de la porte décrite plus haut. Ce tabernacle était un morceau très-compliqué et fort remarquable, qui, lorsque nous le dessinâmes, nous donna beaucoup de peine ; car nous n'avions jusqu'alors rien vu de semblable, et ce ne fut pas sans embarras que nous nous tirâmes de cette multitude d'ornements, de cette complication et alternance d'angles, de ces enlacements de feuillage qui rendaient si difficile de suivre et de pénétrer dans la composition harmonieuse de l'artiste.

Ce tabernacle avait au delà de 30 pieds de hauteur, et il était orné de beaucoup de figures. Dans les livraisons suivantes nous sauverons de l'oubli et de l'obscurité ce chef-d'œuvre, ainsi que les peintures du plafond, en les reproduisant fidèlement.

Selon d'anciens documents cette église aurait aussi possédé un magnifique autel dédié à sainte Catherine et exécuté par un artiste d'Ulm.

Sur ses six volets étaient représentés les principaux épisodes de la vie de cette sainte. Mais le vandalisme des sectateurs de Zwingle détruisit brutalement ce beau morceau.

Il est faux que l'église de Sainte-Catherine d'Esslingue ait été commencée en l'année 1370 et l'église collégiale d'Ueberlingen en 1353, comme le prétend Haussleutner dans ses Archives de Souabe, vol 1, page 199. Il s'est trompé de cent ans à l'une comme à l'autre, et c'est pourquoi il attribue ces deux églises à l'architecte Ulric Enzsinger. Si l'inscription citée plus haut ne détruisait pas cette erreur, le style de ces monuments le ferait, car il est incontestablement du xve siècle. Nous en avons déterminé les différents âges dans un ouvrage que nous avons publié en l'année 1844, intitulé : *Principes de l'architecture germanique, basés sur d'anciens documents,* principalement d'après le cahier d'études manuscrit du sculpteur Jean Myngolzheim. Heilbronn, 1543. — Théorie-des-Epannelages de Matthieu Rorizers, architecte des tours de Ratisbonne. Première édition en 1486 ; — Jean Hœsch de Gmünd, Geometria, en allemand, 1594 ; — et d'après le dernier sculpteur passé à l'examen de la science de l'octogone, Kirchner, de Nuremberg, mort le 26 mars 1820 (père de notre ami Kirchner, artiste et professeur à l'École polytechnique). C'est de ces ouvrages que nous avons tiré nos renseignements. Ce sont ces ouvrages aussi que nous ferons suivre comme pièces justificatives de notre travail, en y ajoutant encore la théorie de l'octogone, tirée du nombre sacré par le bénédictin Albertus Argentinus, et qui expose que le style germanique est, depuis son origine jusqu'à son plus haut développement, un champ sans bornes à cultiver, dans lequel peuvent se mouvoir à l'infini l'art, le goût et les formes les plus brillantes. Nous prouverons que ce style n'offre pas de règles absolues et inviolables comme quelques écrivains le prétendent : qu'il est sans doute soumis à une règle générale ; mais que cette règle est devenue poésie chez l'artiste praticien, qu'elle a dû naître librement dans son imagination et dans son activité créatrice pour avoir produit de grandes et belles œuvres. On sait que cela ne réussit pas toujours à tous ceux qui se font les disciples de l'art. C'est ce qui a aussi amené les récriminations de tous les soi-disant artistes qui n'ont jamais pu s'initier à l'art, qui ne parviendront jamais à cette initiation, et qui pendant toute leur vie marchent en vain et en aveugles, avec une intelligence bornée, sous les portiques du temple sans en pouvoir trouver l'entrée, jusqu'à ce qu'enfin, intérieurement découragés, ils cherchent à rabaisser un art qu'ils ne purent saisir avec leur peu d'intelligence, d'une manière pure et claire, et dont le partage leur était éternellement refusé.

PLANCHE VIII.

Fig. *a*. Panneau d'un pupitre de l'église des bénédictins de Blaubeuern. Ce pupitre est l'ouvrage du célèbre George Syrlein d'Ulm. Il est en bois de chêne.

b. Panneau également d'un pupitre de la cathédrale d'Ulm et du même artiste que fig. *a.*
Ce panneau offre le même motif, mais il est infiniment plus riche.

Jusqu'à ce jour on a laissé dans l'obscurité George Syrlein; on ne lui a pas rendu toute l'admiration qu'il mérite pour ses élégants ouvrages, conçus et exécutés dans un esprit exquis d'élégance. Les ornements que nous donnons ici ne doivent en aucune manière prouver par eux seuls la célébrité entière de ce maître; mais ils doivent seulement initier nos lecteurs à son talent et commencer la série des chefs-d'œuvre de Syrlein que l'auteur compte publier successivement dans ces livraisons. Il espère que plusieurs de ses œuvres tirées des dômes de Blaubeuern et d'Ulm prouveront ce qu'il avance. Ceux qui n'ont point vu le magnifique autel exécuté par Syrlein dans le dôme de Blaubeuern ne peuvent pas se faire une idée du génie créateur de cet artiste. Cet autel est conçu et exécuté avec une rare magnificence. Il a été commandé par l'abbé Henri Schmidt (1) et exécuté avec les généreuses offrandes des comtes palatins de Tubingue, Siegfried et son fils Hermann, qui se fit moine dans la suite, et d'Anselme et de son fils Henri et Hugo, qui, dans le dôme de Blaubeuern, ont également fondé l'autel de Saint-Jean-Baptiste et de Saint-Jean-l'Évangéliste.

Cet autel, qui a presque quarante pieds d'élévation (2), est d'une fort belle architecture, largement conçue, et semble clore dignement la série des monuments du XV° siècle. Les figures représentant le Christ et ses douze apôtres sont de véritables chefs-d'œuvre. L'ensemble général de cet autel, richement et solidement doré, semble l'avoir été de de nos jours, s'il était nettoyé et dégagé de l'épaisse poussière qui le recouvre. Les peintures de Martin Schaffner sont exquises et parfaitement en harmonie avec l'architecture. Cet artiste n'est malheureusement connu que depuis peu de temps, et il n'y a pas long-temps qu'on a reconnu son beau talent. Son chiffre est un S entrelacé dans un M. Il a donné lieu à une grave erreur : on a attribué ses œuvres à Martin Schoen ou Schongauer, quoique les peintures de cet artiste ne soutiennent point la comparaison avec les compositions, le faire et la couleur des tableaux de Schaffner.

Schaffner était un artiste plein de sentiment (3) et dessinateur habile : c'est ce que prouvent les six volets de l'autel de l'église de Blaubeuern, représentant la vie de saint

(1) Cet abbé avait pour armes un champ d'argent chargé d'un fer à cheval de sable et deux clous en sautoir également de sable. On trouve cet écusson dans toutes les parties de l'église où l'on voit des objets remarquables.

(2) Comme aucun artiste n'a entrepris de dessiner cet autel, soit à cause de l'isolement du lieu, soit à cause de l'immense travail qu'il présente, l'auteur a l'intention d'y envoyer, au printemps prochain, M. Edmond Beyschlag, son élève, artiste distingué dans ce genre de travail, et qui a déjà dessiné les planches I, VI et VIII. Il dessinera, de la manière la plus exacte, l'autel de Blaubeuern, qui sera publié en plusieurs feuilles pour le faire connaître dans tous ses détails aux amateurs.

(3) En 1812, le père de l'auteur acheta à Schaffouse, pour l'impératrice-mère Marie Federowna de Russie,

Jean-Baptiste et de saint Jean l'Évangéliste. La composition et le coloris en sont parfaits, les têtes surtout sont fort remarquables. Le socle ainsi que le derrière de l'autel offrent également de belles peintures. Mais on y reconnaît un autre faire qui semble appartenir à Barthélemy Zeitblom : de manière qu'on peut admettre avec certitude que ce maître aidait M. Schaffner dans ses ouvrages, car tous les deux travaillaient comme bourgeois d'Ulm, et les artistes de 1490 à 1539.

Les tableaux du derrière de l'autel représentent saint Benoît, saint Gall, saint Conrad, évêque ; saint Ottmar, évêque ; saint Ulric, évêque ; saint Barnabas, évêque ; saint Denis, saint Martial et saint Nicolas ; les côtés latéraux sont richement ornés des figures des fondateurs de l'autel, les comtes palatins de Tubingue ; et les artistes ont peint leurs portraits au-dessus des volets de cet autel.

Mais si Schaffner a fait briller à Blaubeuern son talent de peintre, Syrlein s'y est presque surpassé lui-même. En un mot, cet autel est un chef-d'œuvre inappréciable qui ne peut être étudié par l'amateur le plus superficiel sans étonnement et sans admiration. Cet ouvrage a donné lieu à l'invention d'un conte qui peut parfaitement caractériser l'époque, et que nous ne pouvons nous dispenser de rapporter ici.

« Les moines, rapporte la tradition, demandèrent à Syrlein, immédiatement après que l'autel fut monté et placé, s'il oserait concevoir l'exécution d'un autel encore plus beau ; et comme Syrlein répondit affirmativement, ils lui crevèrent les yeux. »

Ce qui est certain, c'est que l'autel n'a pas son pareil. Ces tableaux magnifiques n'ont pu être soustraits au vandalisme le plus stupide. La sottise la plus raffinée a inscrit sur eux une grande quantité de noms. Il faut espérer que les autorités locales empêcheront la mutilation d'œuvres inestimables d'une époque aussi vénérable.

Pendant la restauration de l'église collégiale de Stuttgart, dirigée par l'auteur pendant les années 1840 et 1841, il avait souvent énoncé le désir de faire dresser cet autel dans le chœur solitaire de cette église, ce qui aurait attiré les étrangers dans ce monument si pauvre en objets d'art. On aurait surtout mis une fin par cette transaction à la passion de la profanation et de la destruction, qui semble s'attacher impitoyablement à l'autel de Blaubeuern. Car la mutilation des ornements, par exemple de la belle chaire de l'abbé et des stalles, l'emploi de l'église comme magasin à blé, foin et huile, doivent bientôt amener la destruction complète d'une quantité d'objets d'art que notre époque est fort éloignée de pouvoir remplacer.

Les livraisons suivantes contiendront plusieurs ornements composés par maître Syr-

quatre volets ornés, qui portaient le chiffre de Schaffner. Ils représentaient Jésus-Christ couronné d'épines, sa flagellation, l'évangéliste saint Jean et saint Pierre de Milan, martyr et de l'ordre des Dominicains. Ces volets provenaient sans doute du couvent des Dominicains d'Ulm.

lein (1), et en première ligne, la belle chaire de l'abbé de l'église en question, quelques parties de ses belles stalles du dôme d'Ulm, ouvrages qui n'ont point leurs pareils.

e. Galeries en pierre au-dessus de la voûte du chœur, dans la nef de l'église conventuelle de Blaubeuern.

e, f, g, h. Ornements en bois de trois pouces de hauteur, au-dessous des appuis des fenêtres de l'ancien hôtel de ville de Nuremberg. Ce vieux bâtiment des XIVe et XVe siècles est encore assez bien conservé, et il contient beaucoup de beautés architecturales du moyen âge.

SEPTIÈME LIVRAISON.

STYLE BYZANTIN.

PLANCHE PREMIÈRE.

Fig. *a, b, c, d*. Chapiteaux tirés de la partie la plus ancienne de l'église Saint-Sébalde de Nuremberg.

e. Profil de leur tailloir.

f. Profil de leur astragale.

g, h, i. Consoles supportant des colonnes tronquées ; suite de la pl. Ire de la 1re livraison.

On sait que l'église Saint-Sébalde est fille de la cathédrale de Bamberg. Il n'existe à la vérité aucun document qui vienne prouver cette opinion ; mais le style de l'ornementation, les profils, etc., etc., l'exécution en général de l'ensemble, ne laissent aucun doute que cette église ait été fondée peu de temps après le dôme ou la cathédrale de Bamberg, commencé par l'empereur Henri II. Cette église renferme beaucoup de beautés architecturales, détériorées toutefois par les malheureux badigeons des années 1559, 1572 et 1657, et en dernier lieu pendant les années 1819 et 1820. L'effet général que cette

(1) On publiera dans les livraisons suivantes quantité d'œuvres curieuses de ce grand artiste, et qui se trouvent dans le dôme d'Ulm. Ses plus beaux ouvrages sont détruits : c'était l'intérieur de ce dôme, qui avait au delà de cinquante autels, que les sectateurs vandales de Zwingle, d'OEcolampade, d'Ambroise Blarer et de Martin Bucer détruisirent en moins de quinze jours à l'instigation du pasteur du dôme, un certain Conrad Sam, zélé disciple de Zwingle. Non contents d'avoir détruit les autels, ils anéantirent encore l'orgue, ils détachèrent toutes les images des saints qui ornaient les colonnes et les murs ; ils brisèrent la belle chaire à prêcher, les fonts baptismaux, le grand et petit tabernacle, et mirent en pièces les tableaux et les peintures qui les ornaient. Les objets qui tenaient trop fortement au monument, furent tirés à terre par des chevaux ; le célèbre Saint Sébastien, placé au-dessous du grand tabernacle, et les sculptures des stalles furent brisés ; ces dernières ont été réparées par un artiste habile en 1667. La destruction protestante s'étendit aussi aux sculptures du portail.

belle église devrait produire sur le spectateur, en est singulièrement diminué et affaibli ; car ces malheureux badigeonnages, si souvent répétés, ont enlevé aux profils leur force et leur pureté, de manière qu'on ne peut suivre qu'avec la plus grande peine les formes délicates de l'ornementation ; et dans ce moment même, en 1843, cette église se trouve encore dans un état déplorable ; car, à l'exception d'un maître-autel nouveau, de la restauration de quelques vitraux, on n'a encore rien fait pour sa conservation future. Il est par conséquent à désirer que lorsqu'on entreprendra sa restauration, on fasse, comme à la cathédrale de Bamberg, enlever tout le badigeon. Au moyen de cette opération, qui rendrait aux ornements la netteté primitive de leurs contours, on découvrirait encore les anciennes peintures et les dorures cachées maintenant sous la croûte épaisse du badigeon : on rétablirait l'harmonie de l'ensemble et le bel aspect qu'offre déjà l'église Saint-Laurent de la même ville.

PLANCHE II.

Fig. *a*. Frise extérieure du collatéral de l'église Saint-Sébalde, auprès du clocher.

b. Coupe de la frise précédente, dont *c* et *d* font partie comme corbeaux, qui sont presque tous différents.

e. Ornement composé de cintres au-dessus des portes et au chœur de Saint-Pierre.

f. Profil de cet ornement ; et *g*, console, suite de la pl. Ire, fig. *g*, *h*, *i*.

À en juger par la similitude des profils et autres détails d'architecture avec ceux de la cathédrale de Bamberg, l'église Saint-Sébalde de Nuremberg doit être de la même époque que ce dôme, ainsi que nous venons de le dire plus haut ; car toute la partie occidentale, y compris les deux tours jusqu'à une certaine hauteur, est beaucoup plus ancienne que les collatéraux ou bas côtés de la nef et que toute la partie orientale de l'église. Les fenêtres cintrées qu'on aperçoit encore au-dessus du toit du bas côté, avec la frise, fig. *a*, qui les couronne, prouvent évidemment que la fondation de cette église remonte au onzième siècle. Le chœur octogone de l'occident est de la même époque, en en exceptant toutefois les fenêtres qu'on y a pratiquées au quatorzième siècle.

Indépendamment de ses beautés généralement connues, cette église vénérable de Saint-Sébalde en possède encore beaucoup d'autres qui sont restées ignorées et qui seront publiées dans les livraisons suivantes. Saint-Sébalde avait autrefois treize autels d'une rare beauté ; et il paraît, d'après un dessin existant encore, que le maître-autel, dédié à saint Sébalde, était surtout d'une beauté remarquable. De riches bénéfices étaient attachés à tous ces autels. Le célèbre Sébalde Schreier en fonda beaucoup, et le magnifique missel dont il fit hommage au maître-autel existe encore, ainsi que la bannière (*labarum*) qu'on portait en procession à la fête de saint Sébalde, avec les reliques de ce saint, conservées avec grand soin au château de Nuremberg. Cette bannière est en soie pourpre avec peintures en or d'Albert Durer. Les amateurs d'ornements du moyen âge auraient sans doute trouvé une riche mine propre à satisfaire leur goût dans les belles chasubles, les magnifiques vases, les ostensoirs, les mitres, etc., etc., que cette église possédait en abondance. Mais, lorsque Nuremberg cessa d'être ville libre, et qu'elle fut incorporée à la Bavière, les commissaires bavarois vendirent tous ces objets précieux à des juifs et à des marchands d'antiquités.

PLANCHE III.

Fig. *a*, *b*, *c*. Chapiteaux et tailloirs du beau portail de l'ancienne chapelle du château des Burgraves, dans le couvent des Heilsbronn en Bavière, chapelle actuellement convertie en brasserie. Suite de la pl. IV de la 1re livraison, fig. *a* à *d*, profil et dimension du tailloir, et *e*, profil de l'astragale.

D'après une ancienne tradition, cette chapelle aurait été bâtie par un chevalier de Heideck, qui, souffrant de la fièvre, aurait été guéri en buvant de l'eau d'une fontaine qui se trouvait sur l'emplacement de la chapelle actuelle. Pénétré de reconnaissance, il bâtit en cet endroit la chapelle qu'on voit aujourd'hui, et dans laquelle il est enterré. Dans la suite, l'empereur Louis de Bavière remit ce couvent sous la protection des burgraves de Nuremberg, de la famille des Hohenzollern, et la chapelle devint le lieu de sépulture des princes de cette maison.

Saint Othon, l'apôtre de la Poméranie, inaugura en l'année 1132 ce couvent, fondé par les frères Rupert et Conrad d'Abenberg, et donné par eux à l'ordre de Cîteaux. On voit encore dans cette église les deux inscriptions suivantes en lettres d'or :

« Hic domus Ottonem colit et comitem Rapothonem presul funduit. Comes hanc opibus comulavit, qui comes Abenberg fuit hic presul quoque Bamberg his jungat comitum dominum Conrad juniorum Mechtildis jacia conjugaturque Sophia. »

« Post M. C. Christi triginta duos locus iste annes fundatus Heilsbronn qui vocatur virginis atque piæ matris sub honore Mariæ, ac sancti Jacobi qui major Zebedæi de veriam canctis deus nic requie tibi functis. »

Le portail de cette chapelle offre encore des traces positives de polychromie ; mais il est malheureusement fort à craindre que ce bel et curieux monument ne soit bientôt entièrement détruit par l'humidité continuelle qu'y concentre la brasserie qu'on y a établie ; il est certain qu'en vendant cette chapelle et en permettant qu'elle fût utilisée à cet usage, les commissaires du margrave n'ont fait preuve ni de bon goût ni d'amour pour les beaux-arts ; ils n'auraient jamais dû sacrifier un monument aussi remarquable par son antiquité que par son style. Mais, en livrant les restes vénérables de ce curieux monument à toutes les chances des incendies auxquelles l'expose incessamment sa destination actuelle, ils ont commis un véritable acte de vandalisme.

En 1822, le prince de Hardenberg forma le projet de sauver cette chapelle d'une ruine certaine ; il voulut l'acheter et la faire restaurer d'une manière digne de la mémoire des princes illustres de la maison de Prusse qui y reposent. Cette restauration devait être confiée à l'auteur de cet ouvrage. Pendant le séjour que ce dernier fit à Potsdam, en juillet 1843, il essaya de faire renaître cette idée, et le roi de Prusse l'accueillit favorablement.

f. Chapiteau trouvé en très-mauvais état, et en 1827, sur l'emplacement de l'ancien cloître de Heilsbronn.

PLANCHE IV.

Fig. *d*, *e*. Fûts de colonnes ornées, faisant partie du portail de la chapelle des burgraves à Heilsbronn.

f. Détail de l'ornementation de la corniche supérieure.

i. Ornement de la fenêtre, et *j* son plan.

c. Chapiteau tiré de l'église abbatiale, et auprès du chœur.

L'auteur publiera plus tard d'autres détails curieux de cette église.

Les fondateurs de l'église et du couvent ayant, comme le chevalier de Heideck, reconnu les propriétés actives et salutaires de la source, lui donnèrent une telle célébrité que le couvent devint un des plus importants de l'Allemagne. Sa source et sa belle position lui procurèrent de grandes richesses ; car des milliers de malades y accouraient de loin et de près. On cultiva et on embellit ses environs, et ses bâtiments furent élevés plus magnifiquement. On y appela des artistes de tous les genres, et l'on rencontre encore çà et là des peintures et des sculptures témoins de leur talent. La réformation survint malheureusement pour ces chefs-d'œuvre, et l'on sait que ses partisans n'épargnaient en aucune manière tout ce qui avait rapport au culte ancien, qu'ils détestaient et qu'ils traitèrent souvent avec un véritable vandalisme.

Dans la suite, l'église étant trop grande pour la localité, et le pasteur se plaignant que sa voix se perdait dans cette vaste enceinte, on a bâti intérieurement une seconde église, qui ressemble plus à une grange qu'à un temple. Mais cette belle basilique a dû éprouver encore d'autres mutilations et d'autres outrages, principalement par un badigeon blanc renouvelé plusieurs fois. Ce qui la dépare surtout, c'est qu'on a élevé dans le chœur un mauvais monument en marbre, d'un style détestable, orné d'emblèmes en bronze sans signification véritable, tels qu'un caducée, des rouleaux de papier, etc., etc. Ce chef-d'œuvre de mauvais goût a pour auteur un magnat hongrois, nommé Carnea Steffaneo, qui le fit élever en mémoire de l'alliance de la maison d'Autriche avec le burgrave Frédéric ; mais le pauvre homme ne comprit pas sans doute que son monument dérangeait complétement le caractère et l'harmonie de l'église, et c'est ce qui se fit sentir encore davantage lorsqu'on enleva le beau maître-autel et qu'on ferma le chœur par une grille insignifiante, peu d'accord avec le style du monument. Il serait fort à désirer, dans l'intérêt de l'art et du bon goût, que l'on fît disparaître ces lourds et fastidieux objets.

g. Profil du tailloir appartenant à la fig. *e*.

h. Astragale sur une plus grande échelle.

a. Magnifique chapiteau tiré du célèbre couvent des Augustins prêcheurs à Esslingue, dessiné en 1812. Cette église conventuelle était un des plus beaux monuments d'architecture de la ville d'Esslingue et de ses environs ; mais les bureaucrates l'ayant classée parmi les bâtiments inutiles, elle fut abandonnée au pillage et à la destruction. Ce couvent était si célèbre que plusieurs ducs et comtes s'y firent admettre. L'auteur publiera successivement d'autres beaux motifs de cette église curieuse.

L'aspect grandiose et pittoresque de la ville d'Esslingue, tel qu'on le voit encore dans la cosmographie de Marian, a disparu aujourd'hui, et bientôt elle n'offrira plus que celui d'une petite ville de province, ouverte et composée de bâtiments modernes sans caractère et sans expression.

STYLE GERMANIQUE (GOTHIQUE).

PLANCHE V.

Fig. *a*. Couronnement de l'ancien contrôle (Schau-Amt), aujourd'hui corps-de-garde principal auprès de Saint-Sébalde et vis-à-vis de l'hôtel de ville de Nuremberg. Ce bel et intéressant édifice, dont le caractère est en parfaite harmonie avec celui des bâtiments avoisinants, fut sacrifié en 1811 par l'ignorance et le mauvais goût. On le démolit pour y bâtir un corps-de-garde, dont l'architecture offre un contraste choquant avec l'église Saint-Sébalde et l'hôtel de ville qui l'environnent.

L'ancien édifice, qui était une chapelle, avait été bâti en 1522, époque à laquelle l'église de Saint-Sébalde était encore entourée de tous côtés d'un cimetière ; il avait en outre été restauré dans les années 1529, 1552, 1716 et 1778. A l'instar de l'hôtel de ville, cette chapelle était ornée de peintures murales, exécutées immédiatement après son achèvement par Jean Graf, et en 1579 par Thomas Oelgast; en l'année 1679 cet édifice subit une restauration dirigée par Léonard Heberlein. Ce sont sans doute ces artistes qui renouvelèrent les figures placées dans le couronnement, et qui les peignirent. Le couronnement de l'horloge, le petit clocher, les sept électeurs et l'empereur (Charles V), ainsi que les sept planètes connues à cette époque, Mercure, Vénus, Mars, Jupiter, Saturne et Uranus, étaient en pierre ; le cadran de l'horloge est encore doré, il représentait le soleil. Les deux petites figures en guise de gardiens et placées de chaque côté du clocheton, étaient également en cuivre ; ces deux figures, ainsi que toutes les autres de ce monument, étaient peintes, et l'on voyait au-dessous de celles qui représentaient des papes, des cardinaux, des princes et des juges, des inscriptions comme les suivantes (1) :

(1 L'auteur doit ce dessin à son oncle Aloys Kein, artiste distingué, mort en 1825, qui l'avait exécuté d'après nature en 1796 et 1797. Ce bâtiment du contrôle était l'endroit où, lorsque Nuremberg était encore

Tyrannischer Gewalt
Und der Aprillen Kalt
Werden beyde nicht alt.

Un pouvoir tyrannique
et le froid du mois d'avril
ne durent pas long-temps tous les deux.

Gewalt mit Gerechtigkeit
Barmung und die Weisheit,
Bestant gar lange zeit.

Gross Gewalt, Er und Gut,
Ansyn und weyser Mut,
Das schwer zerinnen thut.

Le pouvoir uni à la justice,
à la miséricorde et à la sagesse
est fondé sur des bases durables.

Grand pouvoir, honneur, richesse,
autorité, sagesse et courage
sont choses de longue durée.

Ein kindisch Regiment,
Ein Schober Heu, der brennt,
Nimmt bedes bald ein Ent.

Un gouvernement insensé
, et une meule de foin qui brûle
sont choses qui finissent très-vite.

———

Tyrannischer Gewalt
Und der Aprillen Kalt
Werden beyde nicht alt.

G'walt mit Gerechtigkeit
Barmung und die Weisheit,
Bestant gar lange Zeit.

Gross G'walt, Er und Gut,
Ansyn und weysen Mut,
Das schwer zerinnen thut.

Ein Kindisch Regiment,
Ein Schober Heu, der brennt,
Nimmt beedes bald ein Ent.

une ville libre. on vérifiait la monnaie : c'était aussi le bureau des payements publics (Losungsstube, Finanzkammer . On y échangeait les emblèmes d'or et d'argent, avec lesquels les citoyens de Nuremberg payaient leurs contributions (Losung, buergerliche Abgade, contre de la monnaie courante. Toutes les années, pendant la semaine avant le mercredi des Cendres, chaque citoyen était obligé de jurer qu'il payerait régulièrement cet impôt, et c'est cet acte que l'on nommait Losungen, ou Losung schwœren. Lorsque l'époque du serment était arrivée, les sergents de ville, revêtus de l'ancien costume mi-parti blanc et rouge, parcouraient la ville, frappaient les volets des maisons avec leurs longues baguettes blanches de noisetier et sonnaient aux portes en criant à haute voix : « Quand l'horloge sonnera 2, 3, 4, etc. heures, vous viendrez à l'hôtel de ville prêter le serment. » Quand les habitants d'un *district* de la ville avaient fini, et que les citoyens d'un autre quartier devaient se présenter à leur tour, on faisait un signal de l'hôtel de ville aux sonneurs ou guetteurs qui faisaient tinter l'horloge. C'est encore dans ce contrôle que l'on examinait les ustensiles d'or et d'argent nouveaux et qu'on y appliquait la marque du contrôle. L'employé qui remplissait cette fonction était en même temps contrôleur des monnaies du cercle de Franconie (voy. l'*Almanach de Nuremberg de Roth*, 2 vol., Nuremberg, 1813).

PLANCHE VI.

Fig. *a*. Superbe et curieuse porte du commencement du règne du duc Ulric de Wurtemberg, trouvée par l'auteur, en 1808, dans les combles de la plus ancienne partie du vieux château de Hohentübingen et dessinée par lui. D'après certains renseignements, cette porte aurait été vendue à l'enchère avec d'autres objets d'art du moyen âge. Une belle collection de vieilles armes, que l'auteur se rappelle avoir vue, a eu à peu près le même sort. Ce qui ne s'en trouve pas dans la moderne Emichsburg, dans le parc de Ludwigsburg, a été mis au vieux fer ou gaspillé d'une autre manière (1).

L'on ne peut pas savoir au juste de quel appartement cette porte faisait partie : mais il est probable qu'elle a appartenu à l'une des chambres du duc Ulric. Mais cette porte, quoique offrant, comme celle du château de Cobourg, le style du XVᵉ siècle, a été exécutée de 1535 à 1540, et par conséquent après le retour du duc de son exil. Il est vrai qu'à cette époque le prince fit reconstruire la plus grande partie du château ; mais il n'aurait certainement plus fait peindre les armes de sa femme sur les panneaux de cette porte, et cette circonstance prouve déjà qu'elle est du temps du duc Evrard Iᵉʳ, qui a toujours pris un soin particulier à entretenir le château palatinal en bon état. Il le meubla même royalement lorsqu'il se décida à résider jusqu'à sa mort (en 1496) dans sa chère ville de Tubingue, dont il protégeait spécialement l'université.

Il est cependant possible que lorsque, quinze ans plus tard, le duc Ulric se fiança avec la princesse Sabine, fille du duc Albert de Bavière, et qu'il célébra ses noces à Stuttgart avec un luxe et une pompe inconnus jusqu'alors, il est possible que lorsqu'à cette époque les appartements du château de Tubingue furent disposés pour la réception des nouveaux mariés, on ait enlevé du panneau de la porte les armoiries du duc Evrard, pour y placer celles d'Ulric et de Sabine.

Cette porte, que nous avons trouvée séparée en quatre pièces dans les combles du vieux château, est en bois d'érable ; le couronnement sculpté est orné de marqueterie. Le feuillage en est doré, les gorges ou cavets sont peints en bleu et en rouge. Les panneaux sont également en érable, recouverts intérieurement de velours rouge pourpre et ornés d'une garniture de clous dorés en forme de rosaces disposés en losange. Les *fasces*, sur lesquelles on voit des écussons et des chasses, sont travaillées à jour dans la tôle, dorées et appliquées sur velours noir. L'entrée de la serrure, également en fer, ainsi que la poignée, sont dorées et posées sur du velours noir. Cette porte était malheureusement dans un triste état : le velours était déchiré et moisi, les ornements étaient en grande partie arrachés ou brisés ; en un mot, ce ne fut qu'avec beaucoup de peine et de soins qu'il nous a été possible de retrouver en-

(1) Cette belle collection d'armes se trouve encore dans la fabrique dite la Ruine, mais à moitié rouillée.

tièrement les traces de sa splendeur passée. Dans ce même grenier se trouvait encore une quantité d'antiquités, surtout beaucoup de boiseries couvertes de belles sculptures des XIVe et XVe siècles. L'auteur en a dessiné plusieurs, qu'il publiera plus tard, ainsi que des volets d'autel et des figures de saints fort curieux.

Le vieux château palatinal de Hohentübingen doit avoir été autrefois un beau monument du style gothique ; mais les nombreuses constructions en bois qui en faisaient partie ne plurent pas au duc Ulric, car il rebâtit le château entièrement en pierre dans le style de la renaissance, que l'on retrouve à tous les édifices bâtis par lui après son retour de l'exil et qui furent continués par son fils Christophe. Sous le règne du duc Frédéric Ier, ce style atteignit le plus haut degré de perfection et d'élégance, ainsi que le prouve le château de plaisance bâti à Stuttgart par ce prince ; il est seulement malheureux qu'on ait indignement profané ce monument en y établissant un théâtre (1).

La magnifique porte du château de Hohentübingen est aussi de l'époque de Frédéric Ier. Mais ce beau monument a partagé le sort destiné à la plupart des bâtiments, vestiges de la splendeur et de la magnificence des princes de cette époque. Des barbares du XIXe siècle l'ont mutilé en y pratiquant des fenêtres. A une époque où l'on fait une guerre à mort à tout ce qui est ancien et respectable, on aurait pu espérer que, dans une ville où il y a une université, il se serait trouvé quelqu'un qui aurait élevé la voix contre de pareils actes de vandalisme.

Il est à regretter que personne n'ait encore entrepris la monographie de cette ancienne et curieuse habitation ducale de Tubingue. Crusius, Gabelhofer, Sattler, Steinhofer et d'autres ne nous donnent sur cet édifice que des renseignements très-vagues et très-imparfaits. Dans le Dictionnaire géographique, statistique et topographique de la Souabe, Ulm, 1791, on ne trouve également que fort peu de détails. Voici ce qu'il en dit : « La résidence des célèbres comtes palatins de Tubingue, l'ancien *Palatium* (Pfalz), était le château de Hohentübingen, bâti sur une colline qui domine la ville ; le duc Ulric le fit raser en l'année 1535 pour en rebâtir un autre qui existe encore, » etc., etc.; et c'est ainsi que nous l'avons trouvé en 1808, lorsque nous le visitâmes. Depuis que ce château a été abandonné à l'université, on y a ajouté des constructions nouvelles de temps à temps. On commença en 1803 à y placer le cabinet d'histoire naturelle, qui occupe maintenant les anciens appartements journaliers et la salle des chevaliers qui se touchent. Le reste a été arrangé en 1818 et 1819 pour y placer la bibliothèque.

Il est inconcevable que, dans une ville consacrée aux sciences et aux arts, on ait pu

____

(1) Comme la ville de Stuttgart ne possède aucun monument d'architecture du moyen âge, l'auteur proposa au roi de Wartemberg, en 1810, de restaurer ce joli château, qui deviendrait par là un bel ornement pour la ville.

manquer de goût au point de commettre de semblables méprises. On pourrait fort bien appliquer aux habitants de Tubingue les paroles de Jean Paul et les comparer à des « âmes enchaînées au corps qui ne pouvaient penser qu'aux soins matériels, et aux yeux desquelles le respect pour les arts n'était qu'une folie..... »

PLANCHE VII.

Fig. *b*. Cuve ou fonts baptismaux de l'église paroissiale de Saint-Amand d'Urach. Ce beau morceau de sculpture porte la date de 1518, et la composition en est aussi belle que l'exécution en est soignée. Ces fonts sont probablement de l'auteur de la belle chaire et des statues de saints que l'on voyait autrefois aux piliers et au portail de cette église, et que le vandalisme de notre siècle éclairé a détruites sans but et sans raison. Il est à regretter que le beau travail de ces fonts baptismaux soit presque entièrement caché sous plusieurs couches de badigeons par lesquelles tous les détails ont perdu leur netteté et leurs contours.

Cette cuve a huit faces ornées des personnages suivants tirés de l'ancien Testament : Moïse, Joseph, Josué, Jonas, Jérémie, Isaïe, Salomon et David. Les têtes de ces figures sont des portraits de seigneurs de la cour du duc Évrard-le-Barbu et de ses amis ; lui-même y est représenté en Josué. Les autres figures sont celles de Gabriel Biel, des deux chevaliers de Ehingen, père et fils, du prieur d'Urach, de l'abbé de Gutenstein et autres. Des banderoles portent les noms de ces législateurs, rois, capitaines et prophètes de l'ancien Testament. Mais ils ont été rendus illisibles par le badigeon dont on a enduit ces sculptures pour célébrer dignement l'anniversaire de la réforme en 1817.

Vers la même époque cette église remarquable a eu à essuyer encore bien d'autres insultes : quantité d'objets dont la perte sera à jamais regrettable, furent détruits. Les habitants d'Urach ne restèrent pas en arrière, sous le rapport de la destruction, de leurs compatriotes d'Esslingue, de Reutlingen, de Gmünd et de Hall en Souabe, etc., etc. La destruction de tant de leurs beaux monuments historiques, la démolition de tant d'anciens et curieux édifices, parmi lesquels nous citerons encore cette belle porte, un des ornements d'Urach, sont des actes que les amis des arts ne pourront jamais pardonner à leurs auteurs. Cette porte de ville surpassait celle du couvent de Bebenhaeuser en antiquité et en beauté. Elle était sans contredit un des plus curieux monuments d'architecture du moyen âge et donnait à la ville un aspect tout caractéristique. Trois statues, celles du Christ sur la croix et de Marie et saint Jean à ses côtés, formaient un groupe au-dessus de la porte, accompagné de détails d'architecture remarquables. Cette porte, en forme de tour, était nommée porte supérieure de la ville (Oberthorthurm) ; elle datait de 1495, et était d'un grand caractère. Avant la réformation les figures appartenaient à la chapelle Saint-Michel, lieu de pèlerinage situé au haut d'une colline des envi-

rons de Hochberg ; et ce n'est que plus tard qu'elles furent adaptées à cette tour, où elles
faisaient un merveilleux effet. L'auteur les vit encore à cette place en 1830 et 1831 ;
ce n'est que tout récemment qu'on les a enlevées on ne sait pour quelle raison, et jusqu'à présent on ne sait pas non plus ce qu'elles sont devenues. L'auteur a heureusement
dessiné cette porte avant qu'elle fût démolie. Il la fera paraître plus tard dans cet ouvrage, ainsi que la belle fontaine avec sa pyramide qui date du xv⁰ siècle.

Fig. *a*. Cuve baptismale fort simple tirée de l'église Saint-Georges à Kraftshof près Nuremberg, fondée en 1315 par Frédéric Kress, dont les descendants sont encore aujour-
d'hui seigneurs et protecteurs de l'église. Elle contient plusieurs beaux autels et autres
monuments, un fort beau candélabre en métal, sorti des ateliers de Pierre Vischer, et dont
nous donnerons le dessin peut-être dans la prochaine livraison.

Ces fonts baptismaux, d'une forme simple et belle, datent du xv⁰ siècle, et ce n'est
que depuis peu qu'ils ont été obligés de faire place à une cuve en style Louis XV et
relégués dans un grenier. Le mauvais goût dont les protecteurs de l'église ont constamment
fait preuve dans toutes les réparations et les prétendus embellissements depuis l'époque de
la réformation s'est développé encore depuis peu par une parcimonie tout à fait inconve-
nante ; les réparations de l'église sont mises au rabais et exécutées de la plus mauvaise manière possible.

PLANCHE VIII.

Poêle, composé de fragments, décrits dans la v⁰ livraison, planche vii, et trouvés
dans le couvent des Frères prêcheurs de Nuremberg. Ce beau morceau a été restauré
par l'auteur. Il a 10 pieds ou 3 m. 13 de hauteur. On peut en trouver de tout à fait
semblables chez les fabricants de poteries Mezger et Gruber, à Nuremberg. Il y en
a de diverses couleurs, et ils coûtent de 70 à 88 florins.

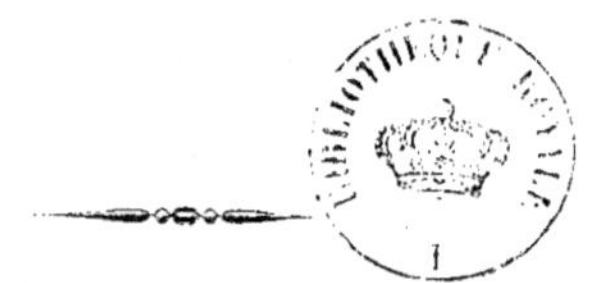

INDEX

DES LIEUX OU SE TROUVENT LES FRAGMENTS

DÉCRITS DANS LE PREMIER VOLUME.

TABLE DES MATIÈRES

SELON L'ORDRE DES LIVRAISONS*.

* Le mot *Heft*, placé à gauche au haut des planches, signifie *livraison* en allemand. On a été obligé de con-server la légende des planches de l'édition allemande.

TROISIÈME LIVRAISON.
STYLE BYZANTIN.

STYLE GERMANIQUE (GOTHIQUE).

QUATRIÈME LIVRAISON.
STYLE BYZANTIN.

CINQUIÉME LIVRAISON.

STYLE BYZANTIN.

FIN DU PREMIER VOLUME.

www.ingramcontent.com/pod-product-compliance
Lightning Source LLC
LaVergne TN
LVHW012014180726
843502LV00005B/1709